Conferência

PEC: PROGRAMA DE ESTABILIDADE OU CRESCIMENTO?

Colóquios IDEFF n.º 4

INSTITUTO DE DIREITO ECONÓMICO, FINANCEIRO
E FISCAL DA FACULDADE DE DIREITO DE LISBOA

Conferência

PEC: PROGRAMA DE ESTABILIDADE OU CRESCIMENTO?

Organização
Eduardo Paz Ferreira, Carlos Lobo
e Clotilde Celorico Palma

Colóquios IDEFF n.º 4

Conferência
PEC: PROGRAMA DE ESTABILIDADE OU CRESCIMENTO?

AUTORES
Vários

EDITOR
EDIÇÕES ALMEDINA. SA
Rua Fernandes Tomás, n.ºˢ 76, 78, 80
3000-167 Coimbra
Tel.: 239 851 904 • Fax: 239 851 901
www.almedina.net • editora@almedina.net

PRÉ-IMPRESSÃO | IMPRESSÃO | ACABAMENTO
G.C. GRÁFICA DE COIMBRA, LDA.
Palheira – Assafarge, 3001-453 Coimbra
producao@graficadecoimbra.pt

CAPA: Criada pela autora em Wordl (www.wordle.net)

Janeiro, 2011

DEPÓSITO LEGAL
322647/11

Os dados e as opiniões inseridos na presente publicação
são da exclusiva responsabilidade do(s) seu(s) autor(es).

Toda a reprodução desta obra, por fotocópia ou outro qualquer
processo, sem prévia autorização escrita do Editor, é ilícita
e passível de procedimento judicial contra o infractor.

Biblioteca Nacional de Portugal – Catalogação na Publicação

CONFERÊNCIA PEC : PROGRAMA DE ESTABILIDADE
OU CRESCIMENTO, Lisboa, 2010

PEC : Programa de Estabilidade ou Crescimento / Conferência
PEC... ; org. Instituto de Direito Económico, Financeiro e Fiscal
da Faculdade de Direito de Lisboa. – (Colóquios IDEF ; 4)
ISBN 978-972-40-4442-2

I – UNIVERSIDADE DE LISBOA. Faculdade de Direito.
   Instituto de Direito Económico, Financeiro e Fiscal

CDU 346
    336
    338
    061

CONFERÊNCIA
PEC: PROGRAMA DE ESTABILIDADE OU CRESCIMENTO?

Auditório da FDL
22 de Março de 2010

Comissão organizadora: Professor Eduardo Paz Ferreira,
Professor Carlos Lobo e Dr.ª Clotilde Palma

9h45 – ABERTURA

EDUARDO PAZ FERREIRA – Presidente do IDEFF

9h45 – 11h15

1.º Painel: O PEC – questões gerais

Moderador: PEDRO SANTOS GUERREIRO – Director do Jornal de
    Negócios
MANUEL PORTO – Professor Catedrático da FDUC
VITOR BENTO – Presidente do SIBS
MANUELA SILVA – Professora Catedrática Jubilada do ISEG
OCTÁVIO TEIXEIRA – Economista

11h15 – 11h30

Intervalo

6   *Progama*

11h30 – 13h30

2.º Painel: O PEC – questões gerais (cont.)

Moderador: HELENA GARRIDO - Directora-adjunta do Jornal de
Negócios
JORGE BRAGA DE MACEDO – Professor catedrático da FEUNL
DIOGO LEITE CAMPOS – Professor Catedrático da FDUC
LUIS MORAIS – Professor Associado da FDUL
JOÃO RODRIGUES – Economista, investigador CES

TARDE

14h30 – 16h00

3.º Painel: A Despesa Pública no PEC

Moderador: ELISABETE MIRANDA – Redactora Principal do Jornal
de Negócios
FERNANDO RIBEIRO MENDES – Professor Auxiliar do ISEG
RICARDO PAES MAMEDE – Professor Auxiliar do Departamento
de Economia do ISCTE
MIGUEL MOURA E SILVA – Professor Auxiliar da FDUL
PINTO DE ALMEIDA – Juiz Conselheiro Tribunal Contas

16h00 – 16h15

Intervalo

16.00 − 18.00

4.º Painel: O Direito Fiscal e o PEC

Moderador: RUI PERES JORGE − Sub-editor de Economia do Jornal de Negócios

XAVIER DE BASTO − Professor Jubilado da FEUC

AMARAL TOMAZ − Mediador do Credito

RUI MORAIS − Professor da FDUCP − Escola do Porto

ANA PAULA DOURADO − Professora Associada da FDUL

LUIS BELO − Consultor Fiscal

18h00 − ENCERRAMENTO

EDUARDO VERA-CRUZ PINTO − Director da FDUL

EDUARDO PAZ FERREIRA − Presidente do IDEFF

Sessão de Abertura

Eduardo Paz Ferreira[*]

Muito bom dia a todos! Sejam bem-vindos, à faculdade aqueles que vieram de fora e ao auditório aqueles de nós que vieram até cá.

Iniciamos hoje mais uma jornada de trabalho e de reflexão do IDEFF. Como sabem, a nossa preocupação tem sido seguir os pontos essenciais da actualidade económica e acompanhar, na medida em que isto é possível, o processo de decisão financeira e o processo de decisão económica pública. Nós organizámos no último ano e meio três conferências sobre a crise, alguns assistiram a todas, outros a algumas. A primeira realizou-se, quando a falência da Lehman Brothers tornou mais patente a crise financeira; depois fizemos uma sobre a crise das finanças públicas e justiça social; a seguir interrogámo-nos sobre os efeitos da crise no direito e na economia; e hoje, enfim, embora não continuemos a falar da crise, vamos falar do Programa de Estabilidade e Crescimento que obviamente tem a crise como pano de fundo.

Permitam-me ainda antes que faça um pequeno desvio para saudar aquilo que me parece ser um acontecimento histórico que é a aprovação nos Estados Unidos do *Health Care Bill,* que representa uma grande mudança de paradigma nos Estados Unidos e um

---

[*] Professor Catedrático da Faculdade de Direito da Universidade de Lisboa – Presidente do IDEFF

10   *Sessão de Abertura*

acontecimento que me parece susceptível de ter grande influência mundial. De qualquer forma a esse *Health Care* dedicaremos uma especial atenção na Revista de Finanças Públicas e Direito Fiscal, num número que sairá já na próxima semana com qualificadas colaborações, designadamente do Professor Constantino Serra Clarides, que irão debater esse tema.

Hoje, então, temos o Programa de Estabilidade e Crescimento que obviamente será objecto, estou convencido, de uma apaixonada discussão. Creio que é difícil pensar que a ciência económica é uma ciência neutra. Quando eu comecei a estudar Direito havia uma cadeira chamada Economia Política, depois a Economia Política foi desaparecendo, foi sendo substituída, não só aqui na Faculdade mas em todos os lados, por Economia *tout court* e agora, enfim, começa-se a assistir ao reaparecimento da Economia Política. Aliás, saudaria a Faculdade de Economia da Universidade de Coimbra e algumas pessoas que a ela estão associadas e que estão nesta sala por esta tentativa de reabilitar a dimensão política da Economia, porque, naturalmente, ela não é neutra. Seguramente, isto vai perpassar nas intervenções de muitos dos intervenientes; nós temos um grupo qualificadíssimo de intervenientes. Como sabem, não é preciso esperar pelas intervenções deles, pensam diferentemente sobre estas questões; mas eu creio que uma questão essencial é, justamente, haver um debate económico plural o que faltou um bocado, não só em Portugal, mas em todo o mundo em que se criou, nos últimos tempos, um pensamento económico excessivamente dominante.

O PEC levanta uma série de questões. Desde logo, é pelo menos estranho ver que praticamente na mesma data em que é aprovado o Orçamento para 2010, é aprovado o PEC que em grande medida faz tábua rasa do Orçamento de 2010, o que leva, designadamente, a questionar qual é a utilidade da instituição parlamentar, qual é o poder que realmente os parlamentos nacionais detêm hoje em dia. O aparecimento destes programas de estabilidade e desta crise das Finanças Públicas constituiu de alguma forma um desenvolvimento imprevisível, ou pouco previsível, no quadro da situação económica mundial. Como sabem estamos numa situação em que os sinais de saída da crise são muito ténues ainda, em que a recuperação económica é muito fraca, em que os mercados financeiros continuam com problemas graves, apesar dos sinais positivos que têm sido dados, em que sobretudo não se procedeu a uma reformulação geral, rigorosa do sistema financeiro e, particularmente, dos pontos que motivaram a crise. É, portanto, um pouco estranho que de repente todas as atenções se voltem para as Finanças Públicas; essa, creio, é uma das primeiras questões que o PEC levanta. As Finanças Públicas serão realmente uma prioridade? Serão aquilo sobre o que é preciso agir para sair da crise, ou pelo menos para minimizar a crise?

A segunda, é saber se estamos a trabalhar em matéria de Finanças Públicas, se nos devemos preocupar com a redução simples do défice, com a redução da dívida pública ou devemos dar prioridade a uma selecção mais rigorosa da despesa? O "fetichismo do défice", para usar uma expressão de Stiglitz ou, pelo contrário, alguma preocupação de rigor, de bom aproveitamento dos dinheiros públicos.

Depois o PEC remete-nos para um quadro mais complexo e mais vasto que é o da União Económica e Monetária. Como é que a União Económica e Monetária vai sair disto? Primeiro, já entrou mal, no sentido em que ficou patente aquilo que muita gente vinha afirmando há algum tempo que a União Económica e Monetária sem um orçamento central forte, sem um tesouro próprio, não era uma solução equilibrada. Os anos de tranquilidade permitiram esquecer essa questão, mas agora ela reapareceu e reapareceu de uma forma muito nítida.

Depois, como é que se sairá desta crise, em termos de União Económica e Monetária, e quem beneficiará com essa solução que se venha a encontrar? Depois isto obriga-nos talvez a uma reflexão sobre o euro, quem ganhou com o euro, quem perdeu com o

12 *Sessão de Abertura*

euro. Será que os alemães agora tão preocupados, com a debilidade de algumas economias que não foram os grandes beneficiários do euro? Será que não justifica por aí que devam ter mais alguma preocupação em criar uma resposta unida da Europa?

Depois, podemos também perguntar se, concentrando-nos um pouco mais no plano nacional, as medidas que o PEC preconiza serão as medidas mais adequadas ou serão as medidas possíveis? Que alternativas haveria a este PEC?

O que acho mais espantoso é estarmos numa fase em que tudo parecia adquirido e estabilizado e, de repente, percebe-se que tudo morre. Por ventura, a própria globalização: será que a globalização consegue escapar a esta crise? E a adopção de medidas crescentemente proteccionistas ou ameaças de proteccionismos e, por exemplo, Martin Wolf levantou, pela primeira vez, a questão de a crise poder traduzir-se numa turbulência mundial.

Depois será que o debate sobre o PEC não nos está a desviar das verdadeiras questões? No plano interno, mas também no plano internacional, da questão das alterações climatéricas, da questão do desenvolvimento equilibrado, da questão do apoio ao desenvolvimento dos países menos desenvolvidos.

Enfim, teremos seguramente uma sessão longa, mas muito qualificada. Quando sairmos de cá, estaremos seguramente muito mais ricos em conhecimentos e em perspectivas.

Permitam-me que agradeça muito aos oradores que se dispuseram a sacrificar o seu tempo e sabemos quanto ele é precioso. Também a todos os que vieram até aqui participar nesta conferência. Agradecimentos muito especiais ao Jornal de Negócios, na pessoa do Dr. Pedro Guerreiro, que tem sido um parceiro tradicional. Há pouco dizia-lhe o quanto gosto do jornal dele e o quanto admiro o que faz, com recursos escassos. Depois gostava muito de agradecer à Direcção-geral dos Impostos que, como de costume, nos apoia com os meios audiovisuais. E de uma maneira também especial às pessoas que ajudaram à preparação desta conferência.

Nesta semana, aliás, o IDEFF está especialmente ocupado. Na quinta-feira vamos celebrar os dois anos da revista com uma sessão às 18h, na qual espero ter o gosto de vos ver, em que, para além do prazer de ouvirmos Bernardo Sassetti, iremos prolongar a reflexão sobre estes problemas ouvindo o Professor Barata Moura falar da crise económica e dos valores.

Muito obrigada a todos e um bom trabalho!

O PEC – Questões Gerais

Oradores:

Manuel Porto
Vitor Bento
Manuela Silva
Octávio Teixeira

O PEC: Fugindo a Soluções que Afastariam Ineficiências e Injustiças Inaceitáveis

Manuel Porto[*]

Sendo tão pouco o tempo disponível, importará ir para questões polémicas, importantes e de actualidade. E sendo as questões fiscais tratadas por ilustres participantes à tarde, ou talvez mesmo já de manhã, na perspectiva das despesas vou para as problemáticas das infra-estruturas e das indemnizações compensatórias, talvez não abordadas ou menos abordadas por outros intervenientes; podendo todavia mudanças imediatas aqui introduzidas ter o maior relevo, da melhor forma, para a resolução do grave problema financeiro a que o PEC procura dar resposta, com benefícios enormes de equidade e económicos e sem os graves custos de muitas das medidas tomadas (não podendo aceitar-se o seu quase completo desconhecimento, mesmo nas críticas que têm vindo a ser feitas, da parte de todos os quadrantes políticos, da direita à esquerda!)[1].

A primeira indicação que queria dar é de que quando há uma crise, algo sem dúvida indesejável, a diferentes títulos,

---

[*] Professor Jubilado da Faculdade de Direito da Universidade de Coimbra.

[1] O texto que se publica está actualizado em relação à comunicação no Seminário, tomando em consideração mudanças em relação ao PEC que foram anunciadas depois; e inclui notas de pé de página, procurando ilustrar pontos considerados.

pode ter-se todavia a oportunidade, designadamente em termos de aceitabilidade política, de corrigir distorções e iniquidades que talvez não seja possível serem corrigidas noutras circunstâncias. E de facto há cá em Portugal, em relação às infra-estruturas e às indemnizações compensatórias, situações que, além de serem inaceitáveis nos planos da eficiência da economia e da justiça, mesmo no plano político, custam centenas de milhões de euros por ano.

A crise actual deveria ter sido pois ocasião, talvez uma ocasião única e não repetível, para, com o alívio dos défices e da dívida, se tornar Portugal num país mais próspero e mais justo; estando em causa afinal, em alguns casos, **passarmos a ter em Portugal leis e critérios iguais para todos os portugueses**, o que deveria ser uma exigência mínima de um estado democrático (mais de três décadas e meia depois do 25 de Abril...)

Vejo todavia, com a maior mágoa, que se trata de situações que não estão a ser consideradas, perdendo-se pois uma oportunidade histórica para se fazerem opções correctas, com o afastamento de situações a todos os títulos intoleráveis.

O PEC vai ser pois uma "oportunidade" perdida, evidenciando uma injustificável (mas explicável...) falta de vontade para se acabar com situações que, beneficiando um número menor de cidadãos já favorecidos, prejudicam a generalidade; criando-se mesmo, em alguns casos, novos custos orçamentais, com novas ineficiências e injustiças.

Será pois mais um caso a justificar pesquisa por parte dos cientistas políticos (com os economistas e os decisores a parecer não quererem fazer contas...), explicável na linha dos ensinamentos da teoria económica da política (da *public choice*)[2].

---

[2] Podendo recordar-se que se trata de análises que remontam já por exemplo a Anthony Downs, em *An Economic Theory of Democracy*, Harper

As situações injustificáveis, que se perde a esperança de que venham pois algum dia a ser ultrapassadas e sendo de recear que sejam mesmo agravadas, verificam-se: 1) na localização e nas prioridades na construção de infra-estruturas de transporte, 2) no modo como são financiadas e 3) na concessão previlegiadora, sem critério de justiça e eficácia, de indemnizações compensatórias.

1) Na implantação e nas prioridades na construção de infra-estruturas de transportes em qualquer país com um mínimo de sensibilidade social, económica e financeira atende-se à localização das pessoas e das actividades[3]. Assim deverá ser em resposta às necessidades a que importa responder, sendo ainda óbvio nos demais países do mundo (e é grande pena que não o seja cá!) que só de tal modo os investimentos são rentabilizados, v.g. assegurando-se ganhos com a sua exploração (e justificando--se que as infra-estruturas sejam amortizadas ao longo das muitas dezenas de anos da sua duração, pelas gerações que vão beneficiando com elas...)[4].

---

e Row, Nova Iorque, 1957 e *Inside Bureaucracy*, Little, Brown & Co., Boston, 1967 e a James Buchanon e Gordon Tullock, *The Calculus of Consent*, Ann Harbor, The University of Michigan Press, Michigan (ver entre nós Aníbal Cavaco Silva, *Políticos, Burocratas e Economistas*, em *Economia*, 1978, vol. 2, pp. 491-502).

[3] É aliás chocante constatar que assim acontecia também em Portugal em épocas anteriores, v.g. com as linhas férreas de séculos passados a não "fugir" das pessoas e das actividades: casos, a que voltaremos adiante, da ligação Lisboa–Porto e da linha do leste, implantadas então com correcção.

[4] É bem ilustrativo o caso da linha do norte, com mais do que um século e meio de existência e que continuará obviamente a ser muito utilizada, a par, se vier a ser construída, da utilização de uma linha para comboios rápidos (preferimos utilizar esta designação à de TGV´s, com a

20 *Manuel Porto*

Estando em causa em grande medida a implantação de linhas férreas de alta velocidade, a falta de realismo e sensibilidade em Portugal começou com o abandono do T deitado na ligação a Espanha, necessariamente a Madrid; continuando nós a duvidar, por mais "atraentes" que sejam os mapas aprovados, de que os espanhóis promovam uma ligação de Portugal aos demais países da Europa sem ser pela sua capital[5].

Estando Madrid num paralelo muito acima de Lisboa, mesmo acima de Coimbra, o trajecto de acesso à nossa capital

---

carga negativa "conseguida" com a campanha maciça de desconsideração levada a cabo no nosso país; já não, para sorte das suas populações, nos demais países da Europa e de outros continentes, da África à Ásia, onde não há dúvidas acerca do acerto – económico, financeiro, ambiental, social ou ainda por exemplo cultural, dando melhores condições de acesso aos cidadãos – de se dispor de comboios de grande velocidade). Ainda recentemente o Presidente da respectiva Comunidade Autonómica, Antonio Grinán, sublinhou, numa entrevista, que o TGV foi "quase um milagre para a Andaluzia" (*Actualid*, n.º 1531, Junho de 2010, pp. 56-9); sendo de lamentar que seja só Portugal a rejeitar este tipo de "milagres", que se vai estendendo e beneficiando os demais países, não havendo um único caso de insucesso...

[5] Numa reunião internacional em que participámos um representante espanhol, face ao total desconhecimento de responsáveis de Castela-Leão acerca da ligação Aveiro-Salamanca (!), apressou-se a dizer que tal ligação seria feita, mas "sem data" (*sin fecha*). Receamos todavia que venha a ser o inevitável défice de exploração da ligação Lisboa-Madrid, exigindo avultadas indemnizações compensatórias anuais, a apresentar-se como "justificação" para que não se cometam mais "erros"...

Ou dar-se-á o caso de o único mapa com a rede de TGV's "levado a sério" em Espanha ser de facto o mapa que reproduzimos na p. 53 de *O Ordenamento do Território num Mundo de Exigência Crescente: Das Ambições do PNPOT à Contradição de Investimentos em Vias de Concretização*, Almedina, Coimbra, 2008, num "abandono" do nosso país que começa a procurar estender-se agora a investimentos no Brasil...?

teria menos 60 a 70 quilómetros, desde logo com a poupança assim verificada.

Acontece além disso que com o T deitado, fazendo-se a ligação por exemplo na zona da Ota (ou em qualquer outro ponto), seriam comuns ao trajecto Lisboa-Porto os troços Lisboa-Ota, da ligação de Lisboa a Madrid, e Porto-Ota, da ligação do Porto a Madrid. Com as ligações internacionais de Lisboa e do Porto à capital espanhola feitas deste modo, com a integração das nossas duas grandes áreas metropolitanas nas redes trans-europeias, ficava "de graça" a ligação Lisboa-Porto...[6]

Por fim, com uma entrada em Lisboa pelo norte o atra-vessamento do Tejo seria feito com uma ponte várias vezes menos custosa do que a ponte Chelas-Barreiro (esta última, sendo rodo-ferroviária, tem ainda o inconveniente, sacrificando as pessoas de Lisboa, de sobrecarregar esta cidade com um acréscimo diário de muitos milhares de veículos).

Admitindo a Espanha a ligação a Madrid apenas por Badajoz, e não sendo pensável que Portugal custeie linhas férreas no país vizinho, não poderíamos contudo deixar de ter a opor-tunidade de definir o traçado no nosso território, onde julgo que continuamos a ter soberania... Sendo assim, não podemos deixar de lembrar que parte de Elvas, da minha terra materna, a linha do leste, que percorri dezenas e dezenas de vezes até ao Entroncamento: com boas razões escolhido pelos nossos

---

[6] Uma indispensável ligação a Sines, um porto com condições únicas, insere-se numa lógica diferente, com o transporte de mercadorias a não exigir a velocidade do transporte de passageiros (sem prejuízo nenhum, na competitividade exigida, os contentores podem chegar umas horas mais tarde...). Com os passageiros é que não se pode fugir a uma con-corrência apertada dos transportes aéreo e em automóvel!

antepassados como um "entroncamento" principal no sistema ferroviário português.

Tratava-se de pessoas que tinham bem presente o "mapa" do nosso país, embora não dispondo dos meios de que dispomos hoje: com um estudo recente a mostrar que o "centro" do continente português, ponderado pela população, está na freguesia da Melriça, uma freguesia a três quilómetros de distância da sede do concelho do Entroncamento. Há de facto que ter saudades dos nossos antepassados, podendo distinguir-se dois períodos na história de Portugal: um primeiro em que se olhava e um segundo em que não se olha para os mapas, com todos os custos daqui resultantes...

Seria aliás bom que, para memória histórica, se publicasse um "livro branco" (ou "negro") com os custos para o país, para a actual e para as gerações futuras, da mudança verificada[7].

---

[7] Não querendo entrar aqui a recordar também "o erro **do abandono da Ota**"(o erro está de facto "no abandono", não em ter-se querido construir aí o aeroporto, como se quis afirmar com um livro de Mendo Castro Henriques, org., designado *O Erro da Ota*, Tribuna, Lisboa, 2007), lembramos que em qualquer país "bem organizado", da Holanda à Suíça, passando pela Alemanha, na localização de um aeroporto novo tem-se em conta, em termos determinantes, o modo como é servido por uma (ou mais) linha (s) principal (ais) de caminho de ferro, com uma estação na própria aerogare.

Trata-se, além do mais, de países onde os decisores têm uma perspectiva nacional, não meramente local, na implantação das infra-estruturas. Para além de razões mais elevadas a que eu, como português, não sou capaz de ser insensível (tendo sempre presente, com realismo, o país no seu todo), tal deve acontecer por razões sociais, económicas e financeiras. Só assim se alarga o serviço na medida possível e só assim se evitam custos enormes: com investimentos adicionais caríssimos, em linhas específicas de serviço aos aeroportos, que terão inevitáveis défices avultados de exploração.

Temos aliás também no estrangeiro exemplos pela negativa que evidenciam estes défices onde há linhas "locais" de serviço específico aos aeroportos, com círculos viciosos: começando os comboios a ser mais escassos porque o movimento é pequeno e deixando de se esperar pelo próximo comboio, só uma hora mais tarde, depois de uma viagem de avião de uma ou duas horas; preferindo-se tomar um táxi... Assim virá a acontecer com o aeroporto de Alcochete, a menos que "se queira" sobre-carregar ainda mais os portugueses com as indemnizações compensatórias na área metropolitana de Lisboa, com comboios mais frequentes mas pouco utilizados (voltaremos a este ponto em 3).

É pois óbvio que em Portugal o novo aeroporto de Lisboa deveria ser localizado na ligação ferroviária Lisboa–Porto, a única ligação nacional de grande tráfego, servida pelo comboio convencional, da actual linha do norte, e pelo TGV, esperando-se que apesar de tudo venha a ser construído, v.g. face à impossibilidade de fazer passar mais comboios na linha do norte, com todo o tipo de trânsitos, incluindo os sub-regionais (o TGV não poderá por seu turno deixar de ter uma estação na aerogare de Pedras Rubras, servindo a maior parte da população portuguesa – de Leiria será muito mais rápido chegar a este aeroporto do que ao aeroporto de Alcochete, com um trajecto ainda de 27 minutos a partir da estação do Oriente... – e também toda a Galiza).

É de facto de lamentar, a todos os títulos, que o aeroporto em Alcochete não possa ser servido directamente por uma linha nacional de caminho de ferro: apenas por uma ligação específica de Lisboa, inevita-velmente deficitária, e não tendo ainda o TGV Lisboa–Madrid, mais a sul, com a passagem pelo Poceirão, a possibilidade de captar clientela de Espanha, como seria desejável. Ninguém de Badajoz (ou de Elvas...) tomará o TGV para vir até Lisboa e, carregando com as malas, voltar para trás a caminho de Alcochete, no *shuttle* de serviço apenas ao aeroporto; e um serviço do Poceirão ao aeroporto, numa estação a mais do TGV de ligação de Lisboa a Madrid e com uma frequência ainda muitíssimo menor do que a do *shuttle* de Lisboa, não poderá deixar de ser ineficiente e/ou onerosíssima para o orçamento português, com o investimento e principalmente com as indemnizações compensatórias anuais, face a um inevitável pequeno tráfego.

Tratando-se todavia infelizmente de um erro muito oneroso mas irreversível, o que está agora em causa são as prioridades. E, na sequência de negociações do PEC com forças da oposição, não pode deixar de causar perplexidade que se tenha começado por aceitar o adiamento da linha Lisboa-Porto, com continuação até à Corunha, em relação à construção da linha Lisboa-Madrid.

Mas é especialmente de lamentar **a perda para Lisboa**, a uma distância do seu aeroporto que não tem paralelo com nenhuma outra capital da União Europeia, a 54 quilómetros do Campo Pequeno (e a 75 de Cascais). Num século em que tem que se ser competitivo, a nossa capital deixará de ser procurada para reuniões de curta duração, preferindo-se naturalmente Madrid, Paris ou qualquer outra capital, com aeroportos muito mais perto.

A ideia de se criar em Alcochete uma grande metrópole aeroportuária é uma ideia ingénua (será?), que além de custar milhares de milhões de euros e ocupar milhares de hectares de bom terreno agrícola não teria atractividade face às outras capitais. Trata-se de figura, a figura uma grande "cidade aeroportuária", que não existe em parte nenhuma, as pessoas querem é encontrar-se em cidades como Madrid, Paris ou ainda por exemplo Londres ou Viena, com a sua atractividade. Nos nosso país a cidade de Lisboa é que poderia continuar a ser atractiva, com a sua beleza e o seu acolhimento único, de forma alguma estruturas de betão armado, sem história, "sem vida" e sem vista sobre o Tejo...

No quadro negro da implantação de infra-estruturas de transporte em Portugal é de lembrar ainda que não tem havido coragem para inaugurar a caríssima aerogare do aeroporto de Beja, já pronta há mais de um ano, mas sem nenhuma companhia a mostrar interesse na sua utilização (mesmo de Évora, chegar-se-á mais depressa ao futuro aeroporto de Alcochete...); e a uma já referida utilização de imediato como "placa" de estacionamento mais demorado, v.g. durante a noite, dos aviões que utilizam a Portela, não havendo espaço para todos neste aeroporto, será e longe preferível a utilização da base aérea de Monte Real, muito mais perto e com auto-estrada em todo o trajecto até Lisboa.

Invoca-se por vezes, procurando-se justificar a passagem da defesa de várias linhas de ligação a Espanha para a defesa apenas de uma, ou de nenhuma, que mudaram as circunstâncias. Mas a crise por que estamos a passar não deveria ter sido antecipada (são agora tantos, v.g. decisores anteriores, a dizer que a anteciparam, antes dos demais...)? Ou, mesmo tal não acontecendo (v.g. não tendo sido possível fazê-lo), só tem sentido fazer contas quando há uma crise? Numa época de estabilidade os economistas e os políticos não têm também a obrigação de fazer contas, além do mais por uma questão de respeito pelos contribuintes e em geral pelos cidadãos a servir? Podendo as infra-estruturas ser mais baratas, em qualquer momento não deve optar-se por que tal aconteça? E podendo ser servida mais população e mais actividade económica e social, tal não deverá ser tido em conta, também em qualquer momento, satisfazendo-se mais carências, correspondendo-se a mais necessidades, v.g de acções promotoras do desenvolvimento, e evitando-se desperdícios com serviços inevitavelmente deficitários? Podendo ter-se comboios cheios, em infra-estruturas muito mais baratas, será aceitável que sacrifiquemos a geração actual e as gerações futuras?

Colocando-nos no campo meramente económico e financeiro, quando, como acontece no momento actual, estão em causa o défice orçamental e o peso da dívida portuguesa, pedindo-se enormes sacrifícios aos portugueses, como pode aceitar-se a insensibilidade de se adiar uma linha que terá ganhos de exploração, em relação a uma linha que não poderá deixar de ser muito deficitária? Como pode uma população já tão sacrificada aceitar esta insensibilidade?

Na linha do norte actual temos já, apesar da lentidão dos comboios (com os Alfas a fazer a ligação em mais tempo do que os automóveis e praticamente no mesmo tempo que os rápidos há sessenta anos![8]), um movimento de passageiros, considerando-se também os comboios inter-cidades, acima dos quatro milhões por ano[9], que rentabilizariam o TGV, a exemplo do que acontece em todos os demais países; valor acrescido por todos os passageiros que actualmente se deslocam de avião entre o Porto e Lisboa (mesmo que o aeroporto não fosse para Alcochete, a mais de meia centena de quilómetros do centro da cidade, como se referiu, acrescendo o atravessamento de um rio de grande largura, quando mais de 90% da procura do aeroporto está a norte do Tejo, no distrito de Lisboa e em outros distritos),[10] bem como uma parte significativa das pessoas que agora se deslocam de automóvel, muitas delas porque de carro chegam mais depressa... E não pode desconhecer-se, não sendo nós diferentes dos outros, que com comboios rápidos haverá uma grande procura de pessoas que de outro modo não se deslocariam, aumentando assim o seu acesso a oportunidades económicas ou por exemplo culturais[11].

---

[8] Como era o caso do "Foguete", um comboio da Fiat, ou antes (já não do meu tempo...) o "Flecha Prateada". O verdadeiro ganho real sessenta anos depois está em não se vir já para o Rossio, com a mudança da máquina em Braço de Prata; havendo agora uma estação antes, a gare do Oriente... Foi muito diferente a evolução verificada nas viagens, menos desejáveis, de automóvel, reduzindo-se para bem menos de metade, em algumas horas mesmo para um terço, o tempo de deslocação entre Lisboa e o Porto.

[9] Só no mês de Julho de 2008 viajaram no Alfa 487 mil passageiros, com um acréscimo de 11,1% em relação ao mesmo mês do ano anterior.

[10] É bem exemplificativo do que estamos a dizer que entre Bruxelas e Paris, distando aproximadamente o mesmo que Lisboa do Porto, tenha deixado de haver aviões.

[11] Não sendo realista pensar que determinados serviços culturais possam ser facultados em muitos centros, muitos deles poderão sê-lo apenas em Lisboa, à luz de que critério podemos limitar a facilidade de

Os estudos feitos reconhecem bem esta situação, tendo sido previsto, numa previsão anterior, que haja 14 comboios diários entre Lisboa e Madrid e 33 entre Lisboa e o Porto, e numa previsão mais recente que, também em cada sentido, haja em cada hora de serviço três comboios entre Lisboa e o Porto e um entre Lisboa e Madrid[12], com a primeira ligação a ter ganhos e a segunda a ter perdas de exploração[13].

---

acesso a quem é da província? Aproximar as pessoas no nosso país constitui pois um objectivo primário, não só económico, muito mais do que isso, um objectivo de cidadania, aumentando as oportunidades de promoção das pessoas. Poderá aceitar-se que não se seja sensível a este objectivo?

[12] Reflectindo pois uma diferença de frequência ainda maior entre os dois trajectos em relação aos números apresentados antes (e causando-nos estranheza, tendo ainda em conta o conhecimento pessoal das necessidades de circulação diária num caso e no outro, com muitas pessoas a fazer vida entre Lisboa e o Porto, bem como nas cidades de permeio, Leiria, Coimbra e Aveiro, que se preveja que entre Lisboa e Madrid haja 6,7 milhões de passageiros por ano e entre Lisboa e o Porto 7,3 milhões...).

[13] Num cálculo pessimista a que se procedeu, calculou-se que a linha Lisboa-Porto seria deficitária, com um saldo negativo de 54, 5 milhões de euros por ano. Tratar-se-ia todavia de um défice muitíssimo menor, de menos de um quarto, do que o estimado para a ligação Lisboa-Madrid (de 216,6 milhões de euros: será o que o contribuinte português irá pagar a mais em indemnizações compensatórias em cada ano, com a decisão tomada agora...). E no caso do trajecto Lisboa-Porto tratar-se-ia de um défice que exigiria menos de metade da indemnização compensatória que foi atribuída em 2009 aos transportes urbanos de Lisboa, de 107,8 milhões de euros, e semelhante à atribuída só à Carris, apenas uma das operadoras em Lisboa, de 53,9 milhões (uma aproximação urbana valerá mais do que a aproximação de mais de dois terços da população do nosso país? E ainda recentemente foi noticiado que entre todas as empresas públicas portuguesas as que têm os piores rácios de endividamento, dívida face ao activo, são precisamente duas empresas com serviços meramente urbanos, os STCP, do Porto, e a Carris, de Lisboa, com 342 e 233%, respectivamente; seguindo-se só depois empresas de âmbito nacional,

cobrindo igualmente áreas mais desfavorecidas, onde podem já compreender-se encargos a suportar por todos os portugueses: a CP com 213%, a REFER com 71% ou as Estradas de Portugal com apenas 9,3%, mas sendo de registar ainda com valores muito elevados duas empresas das duas áreas metropolitanas, o Metro de Lisboa, com 98,3%, e o Metro do Porto, com 81,1%). Não podemos deixar de referir ainda já aqui que é atribuída à RTP uma verba quase tripla, de 143,1 milhões de euros, a um serviço que deveria concorrer, sem nenhum apoio financeiro, com o serviço das televisões privadas, podendo e devendo estar todas obrigadas, para terem as concessões, ao cumprimento de obrigações de serviço público (voltaremos a este ponto em 3).

Mas em relação ao comboio Lisboa–Porto nem será preciso haver indemnizações compensatórias. Estamos a comparar o incomparável, dado que neste trajecto o TGV não pode deixar de ter ganhos de exploração, tal como acontece hoje com os Alfas e com os TGV´s de todo o mundo, mesmo com um movimento menor. E assim acontece obviamente, ao contrário do que se afirma com frequência, com preços acessíveis ao grande público, se não fosse assim os comboios não estariam cheios (não poderiam manter-se se fossem frequentados apenas por milionários...); com um custo que será seguramente menor do que o custo para quem faz o trajecto sozinho no seu automóvel, tal como acontece com tantas pessoas todos os dias (basta olhar para quem nos ultrapassa ou ultrapassamos na auto-estrada...)

Como se referiu já no texto (na nota 7), a favor de se dar prioridade à ligação a Madrid nem pode invocar-se a captação de passageiros espanhóis para o novo aeroporto de Lisboa, pois não será servido pelo TGV.

Teria sido totalmente diferente a localização na OTA. A crise actual não deveria levar à sua reconsideração ou talvez antes à consideração da solução "Portela mais um", em breve com serviço .de metropolitano, v.g. de ligação à estação do Oriente? (uma nova defesa desta solução foi feita muito recentemente num livro coordenado por Álvaro Nascimento e Álvaro Costa, *Recursos a Voar: Como Decidir o Investimento em Tempo de Crise*, Associação Comercial do Porto, 2010)

Para além desta consideração financeira, tal como ainda recentemente foi sublinhado por João Salgueiro, devemos dar prioridade ao reforço do nosso país, com a aproximação do norte e tendo sempre presente o ganho que teremos, com a nossa centralidade, com a aproximação à Galiza, em relação à ligação a Madrid (sem dúvida também necessária, mas não prioritária!).

Os números são bem claros, mostrando que, sendo a Espanha de longe o principal mercado para as nossas exportações, com cerca de um quarto do total, 23,4% são destinadas à Galiza, com 16,0% destinadas a Madrid e 16,3% à Catalunha (e sendo o défice comercial muito menor no primeiro caso).

Sobre o que deveria ser a estratégia portuguesa, vendo com profunda mágoa que não o é, com o "abandono" do norte, não poderia ser mais clara a investigação de Richard Florida, um autor, não do Porto (...), mas da Califórnia. Numa enorme pesquisa[14] identifica as principais mega-regiões do mundo, com base em diferentes critérios, ficando em 33.º lugar, acima da região de Madrid (e abaixo de um "região" que vai de Barcelona a Lyon...), uma região que vai de Setúbal à Corunha: região com 9,9 milhões de habitantes que, para honra nossa, designa, com o nome da nossa capital, como *Lisbon Region*[15].

---

[14] Ver *Who'is Your City? How the creative economy is making where to live the most important decision of your life*, Basic Books, Nova Iorque. 2008.

[15] Considerando a componente nacional, sublinha esclarecidamente Manuel Margarido Tão que "o estabelecimento de um corredor de alta velocidade, da Península de Setúbal à Área Metropolitana do Porto, englobando 75% da população do País e quase 90% do seu PIB gerado, será responsável pela emergência de um conjunto de novas funcionalidades do território, só mesmo comparáveis, em termos relativos, à unificação de mercados que se sucedeu rapidamente após a introdução do caminho de

30 *Manuel Porto*

Por fim, num programa de repartição de sacrifícios, como o PEC, temos de estar atentos não só às comparações inter-pessoais como às comparações espaciais. Assim deverá acontecer por razões económicas de interesse geral, de competitividade da economia portuguesa: sendo a experiência europeia tão clara ao evidenciar os resultados muito mais favoráveis dos países territorialmente equilibrados, sem as deseconomias das grandes aglomerações e um aproveitamento máximo dos recursos, v.g. humanos, de que se dispõe[16]. Mas para além disso as diferenças

---

ferro em Portugal, no longínquo ano de 1856. Qualquer ponto intermédio do corredor Lisboa-Porto encontrar-se-á a uma distância-tempo de todos os restantes inferior a uma hora e quinze minutos. Deste modo, adivinha-se uma completa revolução a nível dos mercados de trabalho, e das escolhas residenciais, mercê de uma dinâmica aglutinadora, conseguida através duma acessibilidade não directamente dependente do petróleo. Em muitos aspectos, as Áreas Metropolitanas de Lisboa e Porto tenderão a fundir-se numa só entidade, no seio dum eixo atlântico reforçado a que se juntará a Extremadura espanhola, e mais tarde, a Galiza ocidental" (*O Investimento no Sector Ferroviário*, em *Cadernos de Economia*, n.º 83, Abril--Junho de 2008, pp. 70-4).

[16] Nunca nos cansaremos de recordar os resultados muitíssimo melhores dos países europeus territorialmente equilibrados, sem nenhuma *megalopolis* que seja o "motor" da economia, com os efeitos de "capitalidade", os *spill-over effects*, tão caros aos responsáveis portugueses. Por muito que custe aceitá-lo, não podemos desconhecer que só têm superávides significativos nas balanças comerciais de mercadorias três países territorialmente equilibrados, a Alemanha (de acordo com os dados mais recentes, de 210,8 milhares de milhões de dólares, o maior superávide do mundo, muito acima do chinês, com174; não sendo Berlim o motor da economia: sem um aeroporto com voos intercontinentais ou a sede de um grande banco ou de uma grande empresa, todos distribuídos por cidades diferentes, de dimensão média), a Holanda (com 51,0 milhares de milhões) ou a Suíça (com 21,0) (os dois primeiros com as taxas de desemprego mais baixas da União Europeia). Trata-se de países que não

O *PEC – Questões Gerais*   31

agravadas entre as regiões levam a que sejam muito desiguais as condições de vidas e as oportunidades para os cidadãos respectivos. Está-se pois bem para além de um problema técnico, **está em causa um problema de cidadania, de igualdade entre cidadãos do mesmo país**, devendo todos, tal como

---

têm os efeitos de "capitalidade" tão "invejados" e "desejados" para Lisboa (*spillover effects*), com o "efeito de capitalidade" de Londres a não evitar que o défice do Reino Unido seja de 135,0 milhares de milhões de dolares, o "efeito de capitalidade" de Madrid a evitar que o défice da Espanha seja de 69,5 milhares de milhões e o efeito de capitalidade de Paris a impedir que o défice da França seja de 62,4 milhares de milhões (não falo já do caso da Grécia, que vamos fazendo tudo para – com "inveja"? – ir imitando, com Lisboa a tender a ter um peso semelhante ao de Atenas, num país de dimensão semelhante). É bem maior o êxito dos países territorialmente equilibrados, que na realidade – não é sério continuar a fugir à realidade! – não são "sacrificados" por não terem os *spillover effects* de uma grande capital. Não é preciso, mais, é mesmo indesejável concentrar tudo no mesmo local, com as inerentes ineficiências (os países mais eficientes são ainda países em que quase todos os centros mais dinâmicos estão bem longe do mar – na Suíça não podia ser de outro modo... – desfazendo a ideia, que se quer fazer passar em Portugal, de que as zonas do interior não têm possibilidades competitivas, "justificando" o seu abandono; estando além do mais o interior português a pouco mais de hora e meia do mar, perto da fronteira com a Espanha e nas rotas de acesso aos países do centro da União Europeia...).

A invocação de *spillover effects* dos investimentos mais qualificantes, v.g., na formação de pessoas ou na investigação científica e tecnológica, sendo feitos na zona mais favorecida, devendo as menos favorecidas ficar reconhecidas com essa "benesse", levou a que no QREN (Quadro de Referência Estratégico Nacional) foi feita para "justificar" um desvio ilegal de fundos das regiões mais pobres, as regiões de "convergência", para a área mais rica do país (ver Manuel Porto, *Comentário ao Anexo V do QREN*, em *Revista de Legislação e de Jurisprudência*, n. 3952, Setembro--Outubro, pp. 135-51)

acontece nos países "bem organizados" e democráticos da Europa, merecer a consideração dos responsáveis políticos.

Ora, em termos de obras públicas no primeiro anúncio do PEC ficou incólume, ou praticamente incólume, a região de Lisboa, sendo todas ou grande parte das obras adiadas (para sempre?) das regiões Centro e Norte, com o natural protesto de responsáveis políticos e empresariais desta área. O Ministro das Obras Públicas apressou-se a dizer, em entrevista à *Visão*, que o norte não estaria a ser prejudicado, com investimentos previstos no metropolitano do Porto acima de 4 mil milhões de euros, mais do que o custo do futuro aeroporto de Lisboa (numa contabilidade em que não poderiam todavia deixar de ser considerados os investimentos no metropolitano de Lisboa, tendo há meses sido anunciada a construção de novos troços com uma extensão de 23 quilómetros e o custo de 2,9 milhares de milhões de euros[17]).

---

[17] Não podem deixar de impressionar as diferenças de custos destas obras em Lisboa com os custos de investimentos noutros locais. Um quilómetro de metropolitano em Lisboa custa quase dez vezes mais (126 milhões de euros) do que um quilómetro do TGV Lisboa-Porto (pouco mais de 13 milhões de euros). Ou seja, as referidas ligações em Lisboa custam tanto como 242 quilómetros de um comboio rápido que "aproximaria" o país. Numa outra comparação, custando os 43 quilómetros do sistema de metro ligeiro em Coimbra pouco mais do que 300 milhões de euros, constata-se que um quilómetro de via aqui, custando 6,97 milhões de euros, custa perto de dezoito vezes menos do que um quilómetro do metro de Lisboa. Quando se fala em ausência de retorno no primeiro caso, não se questionando o segundo, em contas muito simples está a supor-se que há aqui uma frequência mais de dezoito vezes maior em cada quilómetro percorrido, o que não será o caso... Dir-se-á que um metro ligeiro, em particular usando canais já existentes, tem obras muito mais baratas. Mas numa análise financeira séria o que interessa é a realidade das coisas, sem outras considerações: nas contas tem que se atender **de**

Começou-se por adiar, além das auto-estradas do centro, o TGV Lisboa-Porto, não se falando no adiamento do TGV Lisboa-Madrid: que, não valerá a pena sublinhá-lo de novo, servirá muito menos população e passageiros, valorizará menos o país e terá necessariamente défices de exploração. Depois, face a uma nova pressão de Bruxelas, falou-se no adiamento da nova travessia do Tejo, Chelas-Barreiro, e da ligação do TGV até ao Poceirão. Não se deixou todavia de apressadamente (não se sabia da crise, no Sábado em que se assinou o contrato?) adjudicar o troço Poceirão-Caia.

A invocação patriótica, já feita, de que só assim poderíamos gastar a tempo, no actual quadro comunitário de apoio, as verbas a que temos direito, incluindo as verbas da linha Lisboa-Porto, que de outro modo se perderiam para o país, valeria igualmente para a adjudicação antes deste troço, gastando-se aqui todo o dinheiro. E como português (tenho o direito de o ser!) teria preferido algo que (não me canso de o recordar), servindo um número muito maior de cidadãos e em muito maior medida a nossa economia, não terá défices de exploração, não se sacrificando por isso as gerações futuras.

2) Um outro caso em que o restabelecimento mínimo de condições justas e eficientes levaria a uma redução enorme dos défices é o do pagamento de portagens nas SCUT's.

---

facto e apenas ao que efectivamente tem de ser despendido e ao retorno conseguido. Fazendo "humor negro", a população de um determinada área não pode ficar prejudicada "porque" as obras são aí especialmente baratas, sendo por isso preterida na escolha política que é feita, preferindo--se o que é mais caro e não rentável, por razões políticas...

Na entrevista referida no texto o Ministro invocou ainda, para o adiamento da ligação Lisboa-Porto, uma indefinição na localização de uma das estações, na Marinha Grande ou em Coimbra.

Tratou-se de uma iniciativa meritória no que respeita ao envolvimento de empresas privadas (há já pelo menos dúvidas no que respeita à repartição dos riscos e encargos), sendo todavia incompreensível que se trate de auto-estradas sem portagens.

Para que assim aconteça foram e continuam a ser invocados dois argumentos: um deles a não oneração de trajectos no interior do país, havendo assim uma discriminação positiva, conducente ao seu desenvolvimento; e o outro a não existência de uma alternativa razoável.

Para além de poder duvidar-se de que esteja na gratuidade de auto-estradas um factor determinante para o desenvolvimento do interior (além dos exemplos de outros países temos o exemplo do nosso, com SCUT's no interior há mais de uma dezena de anos; sendo claro que são de outras naturezas as medidas mais importantes a tomar, sem demora!), há uma solução, referida adiante, que levaria ao efeito pretendido, sem a injustiça de um benefício para quem reside ou exerce actividade no interior acabar por beneficiar também estrangeiros que nada pode justificar que sejam beneficiadas pelo contribuinte pobre português.

Com base em que critério de justiça pode aceitar-se que este último esteja a financiar, com sacrifício, o grande empresário da Alemanha, da Holanda ou da França: percorrendo a A-25 ou a A-23, a caminho do Porto ou de Lisboa, sem nada pagar nesses trajectos e não parando (chega-se ao litoral, talvez ao ponto de destino, em menos de duas horas...), não deixando por isso aí nenhum benefício?

Acontece aliás que a solução presente, de "favorecimento" do interior, nem está verdadeiramente a ser seguida com critério: com cidades do interior a ter acesso por duas auto-estradas, uma sem portagem e a outra com portagem.

É o caso do serviço a Elvas, à minha cidade materna: se se for de Lisboa (via Évora) paga-se portagem, mas se se for de

Coimbra, pela A-23, já não se paga, a partir do entroncamento de Torres Novas. Elvas está todavia sempre no mesmo local do interior, à mesma distância do mar...

Mais a norte, quem vá de Aveiro para Viseu, pela A-25, não paga portagem, mas é já sabido que a auto-estrada a construir entre Coimbra e Viseu será portajada... Temos portanto aqui também "dois interiores", na localização de Viseu...

Por outro lado, custa a entender que não haja portagens em auto-estradas bem junto do litoral, em alguns troços com vista para o mar, como acontece com a Via do Infante, além do mais situando-se na segunda região mais rica do país[18].

Não podendo haver a coragem de se dizer que se trata de áreas litorais, invoca-se como segundo critério para não se pagar portagem não haver uma alternativa próxima, fixando-se

---

[18] Ouvimos já o argumento de que a Via do Infante não deve ter portagens para que não deixem de vir turistas ao Algarve. Mas além de não acreditarmos que alguém deixará de vir ao Algarve, ou deixará de ir a qualquer outro ponto do mundo, por haver portagens (nunca vimos ninguém fazer depender a escolha do seu destino turístico de ter de pagar ou não em portagens alguns euros, ou o equivalente a alguns euros), não pode deixar de se perguntar se não deveriam ter direito a essa "atracção turística" locais como a Figueira da Foz ou Leiria-Batalha-Alcobaça-Fátima, rodeadas por portagens por todos os lados. Só o Algarve é que tem direito a ter tal atracção? Além do mais, com as suas condições únicas, é mesmo "ofensivo" dizer que precisa delas...Quem tenha aí algum interesse, grande ou muito pequeno (será o nosso caso), não se sente prejudicado por essa razão.

Como é óbvio, recusamo-nos a comentar que se trate de uma região beneficiada a tal propósito por ser frequentada pelos decisores políticos e os "fazedores" de opinião nacionais; o que justificaria que com o PEC estejam a ser introduzidas portagens apenas em SCUT´s do norte, em particular na região mais pobre do país...

36 *Manuel Porto*

como patamar não se levar mais do que 30% de tempo a mais numa estrada alternativa.

Se estivéssemos **num país em que houvesse alguma preocupação com a existência de condições de igualdade entre os cidadãos**, não poderíamos porém desconhecer que este critério deveria levar ao **afastamento imediato** de todas a portagens do país.

Assim deveria acontecer desde logo com as portagens da A-1, sendo claríssimo que não há uma alternativa minimamente aceitável. Quem vá de Lisboa ao Porto pela antiga EN-1 não consegue fazer o trajecto em menos do que o dobro do tempo, talvez precise de muito mais do que isso: com a estrada a passar nas povoações, com rotundas, passadeiras e semáforos. Lembro-me aliás bem do tempo da Faculdade, em Coimbra, quando os colegas do Porto se gabavam de por vezes fazerem o trajecto entre as duas cidades em menos de duas horas...

E agora, se for ao Porto pela A-29 não pago portagem entre Aveiro e o Porto, já pagando se for sempre pela A-1; tendo todavia a primeira vista sobre o mar[19]. E não se compreende ainda que não se pague entre Aveiro e o Porto e já se pague entre Aveiro e Coimbra. Há alguma lógica para que a ligação de Aveiro seja de graça em relação a uma das cidades, uma cidade aliás mais rica e no litoral, e já não em relação à outra? Como pode alguém, nas primeiras circunstâncias, por ter afazeres no Porto, sentir-se bem ao lado de um conterrâneo,

---

[19] Não posso deixar aliás de fazer aqui também uma declaração de interesses, pois vou com grande frequência de Coimbra ao Porto utilizando a A-29 em grande parte do percurso (não pagando a partir do nó de Albergaria). Sou pois um dos cidadãos "particularmente" interessados em que continuasse a não se pagar portagem na A-29, mas não me sinto bem com este benefício...

de um vizinho seu, morando talvez na mesma rua, que já paga apenas pela circunstância de ter "o azar" de ter as suas actividades a sul, em Coimbra, na Figueira da Foz ou em Leiria? Ou, o que é mais grave, como pode alguém de uma região muito mais rica, como é o caso da região do Algarve, sentir-se bem constatando que estão a ser introduzidas portagens só em SCUT's das duas regiões mais pobres do país? Podemos ser insensíveis e sentir-nos bem com desigualdades que nos beneficiam, à custa de concidadãos que, nas mesmas circunstância, são onerados?[20]

Não pode aliás deixar de chocar qualquer consciência minimamente bem formada que, com um enorme apoio dos meios de comunicação social, se seja sensível ao abandono de um privilégio, ao privilégio de não se pagar numa auto-estrada, e não haja **a mais pequena palavra** em relação a quem sempre pagou! Cada vez que se fala em portajar uma SCUT têm um enorme "tempo de antena" as pessoas das áreas em causa, com jornalistas a percorrer os trajectos alternativos, dando notícia do tempo a mais de deslocação. Mas alguém se lembra de uma só reportagem perguntando a opinião de quem sempre pagou na A-1, descrevendo o trajecto pela "velha" EN-1, com a indicação do tempo de deslocação a mais entre Lisboa e o Porto?

É-se sensível, pois, ao abandono de uma vantagem (não podemos deixar de recordar sempre o tempo em que, com

---

[20] Constata-se todavia que infelizmente assim tem acontecido ao longo da história... E havendo agora regimes especiais onde são introduzidas novas portagens, v.g com benefícios para o tráfego local, sempre na mesma lógica não poderá deixar de se tratar de regimes a aplicar igualmente nas auto-estradas onde sempre foram pagas portagens. Se assim não for, continuarão as desigualdades no nosso país!

dificuldade, a aristocracia perdeu privilégios a que estava habituada...), e não se tem a mais pequena palavra em relação a todos os que (caso dos utilizadores da A-1), sendo também cidadãos nacionais, sempre pagaram.

Não há de facto em caso algum uma alternativa que permita fazer o trajecto em menos do que 30% mais de tempo; aliás, se a houvesse não se teria justificado a construção da auto--estrada...

Será especialmente esclarecedor e sintomático olhar para o mapa vendo os traçados da A-1 e da A-29, ao longo da vários quilómetros, quase "à vista" uma da outra. Admitindo-se que haja uma alternativa para a A-1, só assim se "justificando" que nela se cobrem portagens, tal alternativa não é também alternativa para a auto-estrada mesmo ao lado?

E se porventura em alguns casos foi cortado um troço anterior que seja necessário, há que restabelecê-lo **de imediato**, além do mais porque há veículos, em particular veículos de trabalho, que não podem circular em auto-estradas. À luz de todos os critérios, o interesse dos donos destes veículos tem de ser assegurado, sendo intolerável se tal não acontecer! Naturalmente, não é este o caso de uma auto-estrada construída sobre troços de um IP, onde tais veículos já não podiam circular, tendo que utilizar as estradas anteriores (no fundo, tal como se passa com a alternativa em relação à A-1, uma estrada também anterior, passando pelos centros urbanos, não um IP).

Sendo-se sensível às condições desfavoráveis do interior (do verdadeiro interior, do interior sem vista sobre o mar!) e não deixando de se reconhecer o contributo de uma maior actividade aí exercida, a excelente tecnologia da Via Verde torna aliás possível, sem nenhum encargo sensível, uma solução justa e correcta: deixando quem circula com frequência no interior do país de pagar a partir de um pequeno número de passagens.

Correctamente, tratar-se-ia de um sistema que beneficiaria quem circule com frequência, seja residente ou não. Para além de se evitar o risco de fraudes, com pessoas a indicar uma residência no interior para pagar menos, faz todo o sentido que se favoreça quem aí circule com frequência, com toda a probabilidade exercendo uma actividade económica ou social. E trata-se de promoção que tanto resulta da actividade de um residente como da actividade de um não residente, por exemplo de um residente em Lisboa que tenha aí uma actividade económica.

Prevê-se que a introdução de portagens nas SCUT's do norte agora "escolhidas" proporcione uma receita de mais de 160 milhões de euros, aproximando-se de um quarto do total do encargo anual com as SCUT's. É pois de admitir que a introdução de portagens em todas as auto-estradas portuguesas leve a que deixe de haver qualquer encargo para o Estado, podendo haver mesmo um ganho; ou a que, passada a crise actual, possa haver alguma diminuição nos valores das portagens já pagas, v.g com o não pagamento a partir de um certo número de passagens por mês em cada troço, número maior no litoral do que no interior (havendo assim uma discriminação positiva para o interior), tendo-se em conta as dificuldades de quem tem de circular com muita frequência. Trata-se de ajustamentos para baixo que com realismo podem ser feitos tendo-se em conta os quilómetros não portajados, tendo nós a indicação que de 2360 quilómetros concessionados ou a concessionar se previa que não se pagasse em 1867, ou seja, em 80% do total. Poderá ser pois muito repartido o sacrifício a pedir, com portagens baixas, por isso com poucas consequências nas vidas das pessoas e das empresas.

Numa outra comparação a que não pode fugir-se, tratar--se-ia de uma receita superior à que é proporcionada com agravamentos fiscais agora feitos, todavia sem os custos sociais e económicos daqui resultantes. Com as portagens estamos antes a estabelecer um tratamento igual para todos os portugueses, acabando com uma discriminação intolerável, distorçora e injusta; não constando aliás que as zonas onde sempre se pagaram portagens tenham por isso um desenvolvimento menor...

Não deveria o PEC ter ido por aqui, pela aplicação de portagens em todas as auto-estradas do país? Como justificar que não tenha ido? Era pelo menos de exigir que os responsáveis nos informassem da perde de receitas que se verificaria com a manutenção de SCUT's grátis, quando estão a ser exigidos tantos sacrifícios aos portugueses; e que se concretize a posição maioritária que parece que está a ser conseguida em relação à cobertura de todo o país.

c) Um terceiro caso em que, acabando-se com enormes injustiças e ineficiências, se conseguiria uma enorme poupança, é o das indemnizações compensatórias.

Trata-se de indemnizações basicamente para dois sectores: os transportes urbanos de Lisboa e Porto e a comunicação social. Do total de 457,499 milhões de euros em 2009 (com um acréscimo de 11,4% em relação ao ano anterior, algo sem paralelo no nosso país, nos ordenados, nas pensões ou nos investimentos...!), foram para os primeiros mais de 140,2 milhões de euros[21] e para a segunda mais de 160,9[22].

---

[21] Mais do triplo para Lisboa do que para o Porto (107,837 no primeiro caso e 32.435 no segundo), o que não tem nada a ver com a dimensão da cada uma das áreas metropolitanas, não tendo a primeira o triplo da população da segunda... Mas o acréscimo percentual de 2008 para 2009 foi maior para os transportes do Porto (mais 6,61%) do que para os transportes de Lisboa (mais 4,44%).

[22] Mais de 141,1 para a RTP e de 17,8 para a Lusa.

Começando pelo caso dos transportes, não pode deixar de se reagir à injustiça verificada em relação ao "resto do país", com o Estado a não cobrir défices de exploração nas demais áreas urbanas: em Aveiro, Barreiro, Braga, Coimbra, Setúbal, etc.

Verifica-se assim uma situação injustificável nos planos da equidade e económico. Havendo défices também em outras cidades, são as Câmaras Municipais a cobri-los, à custa dos seus cidadãos: com impostos mais elevados ou a impossibilidade de prestação de outros serviços, v.g. de apoio social, a menos que não haja défice porque os cidadãos são directamente sacrificados com tarifas muito mais elevadas do que nas duas áreas metropolitanas, cobrindo a totalidade dos custos... Já em relação a Lisboa e ao Porto são, como se disse, os cidadãos de todo o país a sofrer um sacrifício (mais sentido pelos mais pobres) que só aproveita aos cidadãos de duas áreas já privilegiadas.

De nada adianta o argumento, meramente formal (mas que fomos ouvindo dos responsáveis, repetidamente, ao longo

---

Além da dimensão dos valores e da aceitabilidade de tais compensações, tal como veremos no texto, é inaceitável que se trate de apoios financeiros atribuídos perto do final do ano a que dizem respeito, no último caso em Novembro de 2009. Quando na generalidade dos serviços públicos as verbas a que se tem direito são conhecidas com os orçamento aprovados no ano anterior (o autor desta linha "sentiu-o" bem, tendo sido durante quase duas décadas responsável de serviços públicos, em alguns anos por mais do que um), com as indemnizações compensatórias não há o mesmo incentivo e exigência de rigor: vai-se gastando e o Estado perto do fim do ano, como "Bom Pai" de um "filho mal governado, paga o que falta, o que foi gasto a mais...(está assim mesmo em causa que se trate de um "ajuda" aceitável em temos comunitários; nas palavras de Tony Prosser, *The Limits of Competition Law: Markets and Public Services*, Oxford University Press, Oxford, 2005, pp. 144-5, "the parameters on the basis of which the compensation is established must be **established in advance** in an objective and transparent manner"; sendo o negrito nosso).

das décadas!), de que em Lisboa e no Porto temos empresas públicas, nacionais, sendo municipais as empresas ou os serviços dos demais municípios.

Ora, além de as indemnizações compensatórias cobrirem também défices de empresas privadas (no caso de Lisboa), será de sublinhar que os demais municípios, **igualmente municípios portugueses,** aceitarão de bom grado que sejam também empresas públicas nacionais a fornecer os respectivos transportes urbanos. Nada impede que tal aconteça![23]

---

[23] Um outro caso inaceitável de desigualdade nas exigências no nosso país, mesmo tratando-se nos vários casos de entidades estaduais, está no financiamento dos principais hospitais escolares: sendo menor a exigência nos hospitais de Lisboa e do Porto do que nos hospitais de Coimbra.

Os números são bem expressivos no que respeita à dimensão dos serviços proporcionados (temos os números de 2006), tendo os HUC's mais camas (1.497, tendo Sta. Maria 1.065 e S. João 1.067), mais doentes saídos (47.701, contra 34.838 e 37.494, respectivamente) ou mais transplantes (294, contra 104 e 149). Sendo pois muito maior a dimensão dos HUC's, é já menor o número de colaboradores, especialmente de médicos (943, contra 1.082 e 1.134), com os menores encargos correspondentes, bem como os consumos (medicamentos, outros produtos farmacêuticos, material de consumo clínico, etc.): com os HUC's a despenderem 87,33 milhões de euros, Sta. Maria 107,61 e S. João 107,31.

Admitindo que os HUC's tenham boa qualidade e sejam bem geridos, como aceitar que não haja a mesma exigência nos gastos públicos sendo feitos na capital e na segunda cidade do país?

Para além de outros inconvenientes, com que o país tanto sofre, a macrocefalia ou a bicefalia do país não podem ser motivo "justificativo" de má gestão, só porque se trata de serviços prestados nas áreas mais favorecidas.

O PEC deveria levar a que também a este propósito não haja dois países, passando a haver regras iguais em todo o território, com a poupança de verbas daqui resultante!

Está aliás em causa, com esta situação, a necessidade imperiosa de **a lei portuguesa passar a ser igual para todo o país, definindo o que é competência do Estado e das autarquias**, mais concretamente, a necessidade de estabelecer, sem que se aceitem excepções, a quem cabe a responsabilidade dos transportes colectivos urbanos de passageiros. É de razoabilidade elementar – além do respeito por outros valores, mesmo valores constitucionais, **da nossa ou de qualquer democracia** – que assim aconteça.

Mas alguma maioria **será capaz o fazer**? Estamos seguros de que não![24]

---

[24] Num estudo que nos foi encomendado pelo Governo, já há mais de duas décadas, propusemos uma solução realista, com a responsabilização das áreas metropolitanas de Lisboa e do Porto alargadas, não sendo só destas duas cidades os utilizadores diários dos seus transportes colectivos urbanos (podendo chegar-se a mais de cinco milhões de habitantes, mas não a sacrificar-se os habitantes de Bragança...): ver Manuel Porto, *A Problemática do Défice dos Transportes Colectivos Urbanos: Apreciação e Sugestão de Soluções*, em *Boletim de Ciências Económicas* da Faculdade de Direito da Universidade de Coimbra, vol. XXXIII, 1990, pp. 173-92. E haveria assim uma exigência de responsabilização, por parte de cidadãos mais próximos, que levaria a uma maior eficácia (o que não acontece tratando-se de empresas públicas, com todo o país a pagar os prejuízos...); e haveria uma repartição justa de encargos, continuando a haver alguns défices. Mas, como era de esperar, tratou-se de proposta que não foi considerada.

Tendo havido alternâncias do poder, alguma "afirmação" de mudança do estado de coisas tem sido expressada por oposições, provavelmente por saberem (fazendo parte da já referida "coligação da centralização territorial") antecipadamente que não têm êxito, havendo uma maioria absoluta parlamentar. Uma afloração desta perspectiva teve lugar na legislatura anterior, com duas iniciativas de recomendação ao Governo tomadas na Assembleia da República: o projecto de resolução n.º 283/X, de Os Verdes, e 327/ /X, do PCP, visando, respectivamente, "a definição de critérios objectivos para a atribuição de indemnizações compensatórias por parte do Orçamento

44 Manuel Porto

Um outro caso inaceitável é o das indemnizações compensatórias à RTP, com os já referidos 143,1 milhões de euros em 2009: não só pelas verbas envolvidas como porque se apoia assim uma concorrência desleal com as televisões privadas.

Admitindo que haja obrigações de serviço público a satisfazer, as indemnizações a conceder deveriam ser na medida do seu custo, na linha do Acórdão Altmark[25]. Mas é mais do que evidente que estão muito para além disso as indemnizações compensatórias atribuídas à RTP, com o apoio em 2009 a corresponder a 31,3%, quase um terço do total das indemnizações compensatórias portuguesas, quase o dobro do total

---

do Estado" e "a adopção de medidas de apoio às empresas e serviços municipais de transportes públicos". Passaria a haver pois critérios nacionais no nosso país. Mas, como era seguro que aconteceria, as duas propostas foram reprovadas com os votos contra da maioria absoluta do PS no poder (tendo no primeiro caso votado a favor o PSD, o PCP, o BE e Os Verdes e no segundo o PCP, o BE e Os Verdes, com o PSD e o CDS a absterem-se: cfr. *Diário da Assembleia de República*, I série, de 24 de Maio de 2008, pp. 35-6).

Alguém terá a "coragem" de tomar uma iniciativa semelhante agora, quando o PS não tem maioria absoluta, "correndo o risco" de que seja aprovada?

Justificadamente, os responsáveis da União Europeia vão estando sensíveis a que este tipo de distorções da concorrência não se limita ao plano interno, afectando as trocas comerciais entre estados: "favorecendo certas empresas ou certas produções", em relação às de centros urbanos, v.g. noutros países, sem serviços igualmente apoiados (ver Manuel Porto, *O Ordenamento do Território...*, cit., pp. 138-9)

[25] Ver recentemente Manuel Porto e João Nogueira de Almeida, *State Aids in Portugal*, em *Temas de Integração*, n.º 22, 2006, pp. 181-93, e em Paul F. Nemitz, ed., *The Effective Application EU State Aid Procedures. The Role of National Law and Practice*, Kluwer, Alphen aan der Rijn, 2007, pp. 343-54.

atribuído à CP e à REFER juntas. Trata-se além disso de ajudas que acrescem às receitas de publicidade (que a RTP cobra, tal como as televisões privadas), ao imposto, regressivo e injustíssimo (mesmo inconstitucional, não se tratando de uma taxa...), que é cobrado com as contas da electricidade e às integrações de dinheiro público no capital social, ainda recentemente 50,7 milhões de euros em 2008 e 52,4 em 2009, 400 milhões desde 2002...

Não tem de estar em causa a questão de saber se a RTP deve continuar a ser pública ou ser privatizada[26], o que está em causa é saber se pode legitimamente ter ajudas de dinheiros públicos distorçores da concorrência, mesmo sendo pública.[27]

Nada pode justificá-lo, devendo pois o PEC ter sido a oportunidade para se cortar com mais este custo, seguramente sem custo político nenhum: contrastando com o natural custo político de grande parte das medidas que estão a ser tomadas.

---

[26] Embora os números apontados, com a constatação de que serviços semelhantes, mesmo com maior cobertura noticiosa e territorial (talvez menos futebol...), são proporcionados pelas televisões privadas, sem custos para os cidadãos pobres e audiências maiores, levem a que cada vez mais cidadãos portugueses ponham a questão que apareceu num título da *Sábado* (de 31 de Julho a 6 de Agosto de 2008, precisamente a propósito da compra então feita, de direitos de transmissão de jogos de futebol: "porque é que a RTP existe?"

[27] No caso da RTP conjuga-se ainda um interesse de índole territorial, dado que se trata de verbas com impacto fundamentalmente em Lisboa, onde se concentra uma enorme parte dos seus serviços, na linha do que acontece aliás com a generalidade das empresas públicas (pode ver-se já Manuel Porto, *As Empresas Públicas e o Desenvolvimento Regional em Portugal*, em *Planeamento e Administração*, Boletim da Comissão de Coordenação de Lisboa e Vale do Tejo, n.º 1, 1988, pp. 19-26).

Talvez haja a ilusão, por parte de quem está no poder, de que dispor de um serviço público é dispor de um meio de influenciar as opiniões. Mas além de não ser aceitável que tal aconteça, é muitas vezes duvidoso que esteja a conseguir-se o objectivo pretendido (com os jornalistas a querer justificadamente preservar a sua dignidade e a sua independência...).

★

Tudo se conjuga, pois, para que se veja o PEC com desgosto.

No nosso caso nem está em dúvida a justeza de grande parte das medidas tomadas, admissíveis se fossem necessárias, em toda a sua extensão.

Mas o que não pode é aceitar-se que se esteja a sacrificar desnecessariamente a população portuguesa, por falta de interesse ou coragem para se ir contra interesses instalados, interesses "regionais" de populações já mais favorecidas e interesses de índole corporativa, inaceitáveis num Estado de direito.

O PEC – Questões Gerais

Vitor Bento[*]

Muito bom dia! Em primeiro lugar também gostaria de agradecer ao Professor Paz Ferreira e ao IDEFF a amabilidade do convite para estar aqui presente. Enfim, esforçar-me-ei para não desiludir no fundo a intenção que tinha.

O tema que é proposto para este painel é "O PEC – Questões gerais". Por isso e sem me debruçar sobre este PEC em particular iria tentar debruçar-me sobre os aspectos ligados ao seu enquadramento.

Primeiro que tudo, gostaria de começar por referir que PECs há praticamente todos os anos, ou perto disso. Geralmente passam despercebidos da opinião pública e pouca discussão suscitam, mesmo junto dos mais atentos às matérias com que lidam. Na maior parte dos casos – aliás, com uma única excepção, salvo erro – o documento nem sequer tinha discussão política no Parlamento. Era um documento técnico, apresentado em Bruxelas pelo Governo e discutido apenas nas instâncias comunitárias, que poderiam aceitar ou exigir rectificações.

O documento que agora foi apresentado é que acabou por se revestir de um interesse muito especial, dadas as circunstâncias

---

[*] Presidente da SIBS.

que o envolvem. Tornou-se praticamente no centro da discussão política e parece que tudo está dependente do PEC. E porquê? Porque a situação que hoje se vive, quer em Portugal, quer na envolvente europeia, e, mesmo na envolvente internacional, é uma situação especial, com muitos riscos e muitos perigos. E porquê? Porque de repente apareceu à cobrança o pacto faustiano que é a dívida. Quando se incorre em dívida, sobretudo para financiar consumo, faz-se como que um pacto faustiano com o futuro. De início tudo é bom: a parte boa do pacto é aquela em que este permite, através do saque sobre o futuro que é a dívida, melhorar o nível de vida imediato, desfrutando de mais riquezas e mais prazeres. Mas inevitavelmente o futuro acaba por chegar e, como o diabo na lenda faustiana, vem cobrar o seu preço, exigindo o pagamento da dívida e os sacrifícios correspondentes.

Na medida em que a dívida não foi utilizada para criar mais riqueza, mas apenas mais consumo, a única forma de a pagar é reduzir agora o consumo e poupar. Ou seja, o pacto faustiano da dívida leva a que se obtenham mais prazeres no presente em troca de mais sacrifícios no futuro. Só que, tal como na lenda, esquece-se que o presente é transitório e o futuro chega sempre, com a sua cobrança. E o momento dessa chegada é sempre, mas sempre, inoportuno. E é o que nos está a acontecer agora.

Por isso e com o volume de dívida que acumulámos no passado, perdemos, no actual presente – que é o futuro de um passado que já foi presente prazenteiro –, parte do controle da nossa vida, da liberdade de fazer as escolhas sobre a nossa vida.

E é com isso que hoje estamos confrontados. Os credores passaram a ter agora uma influência determinante nas escolhas que temos que fazer, forçando-nos a fazer aquilo que quisemos evitar, mas que não temos condições de evitar, pelas escolhas que fizemos no passado. Colocámo-nos, pois, na posição do Dr. Fausto e não nos podemos queixar disso. Tanto mais que houve muita gente, entre a qual humildemente me incluo, que avisou atempadamente para as consequências das escolhas do passado (enquanto este ainda era presente!). Pagar o preço é agora obter financiamento mais caro, com os juros a disputar fatia e prioridade na alocação desse financiamento, face a outros destinos mais desejáveis para o bem estar. E poderá ser, em caso extremo, não obter sequer financiamento, obrigando-nos a ajustar instantaneamente o nosso nível de vida, o nosso consumo, para a nossa capacidade de gerar riqueza. Ajustamento esse que, pela sua violência instantânea não deixaria de ter sérias consequências recessivas.

É importante ter presente que o recurso sistemático à dívida, deixando-a entrar numa rota de crescimento, cria facilmente um mecanismo do tipo Dona Branca: recorre-se a dívida para sustentar consumo e pagar as dívidas que se vencem e que se vão acumulando em pirâmide. Por exemplo, num determinado momento deve-se 100, mas como se continua a consumir mais do que se produz, teremos que aumentar a dívida; assim, ter-se--ão que obter novos empréstimos para pagar a dívida que se vence (100), mais o necessário para cobrir o nosso excesso de consumo desse período (10, por exemplo), aumentando o saldo em dívida para 110. No período seguinte, não se alterando a situação de fundo, ter-se-á que pedir emprestados 110 para pagar a dívida "arrastada" mais 10 para pagar o excesso de despesa, ficando a dever 120.

E por aí em diante. Até que um dia os credores pensam: "bom, mas este fulano só vai conseguindo pagar dívida desde que haja quem lhe empreste mais para pagar aquilo que se vai vencendo, não acrescentando nada de seu; sendo assim, um dia, se já não conseguir encontrar alguém que lhe queira emprestar mais, ele não me vai conseguir pagar o que me deve". E, portanto, os credores começam a recear não ser ressarcidos do montante que emprestam e começam a ser mais exigentes nas condições de empréstimo, a ser relutantes na concessão de novos empréstimos, a exigir mais garantias ou mais juros. Ou então, pura e simplesmente não querem emprestar mais. E quando isso começa a acontecer é óbvio que as dificuldades aumentam.

No fundo, foi isso que aconteceu ao esquema da D. Branca, entre nós, na década de 80, ou ao esquema Madoff, recentemente nos EUA, entre vários outros exemplos de descalabros financeiros.

Aumentando o custo significa que há mais recursos que têm que ser desviados para o pagamento do serviço da dívida e, então, das duas uma: ou temos de diminuir o nível de consumo ou temos de pedir mais emprestado. Se tivermos de pedir mais emprestado para pagar o acréscimo de juros é óbvio que isso vai aumentar o grau de receio da parte dos credores e, portanto, cria-se facilmente um círculo vicioso até que haverá um momento em que eventualmente poderemos não ter acesso ao financiamento para manter este esquema. E no dia em que isso acontecer, no dia em que não se tiver acesso a mais financiamento, deixa de haver défices, deixamos de poder viver acima das nossas possibilidades. Mas nesse caso significa que o ajustamento terá de ser feito de uma forma violenta, porque sem financiamento não há défice, que é uma coisa que as pessoas muitas vezes se esquecem.

Eu há pouco via uma análise histórica sobre Portugal que, não sei se sabem, em 1891 teve um *default* na sua dívida internacional, e que levou a que durante 10 anos não tivesse acesso aos mercados internacionais, não obtivesse financiamento. E alguém, um economista, dizia: "Ah, mas estas coisas podem-se ajustar. Portugal, a seguir ao *default* de 1891 até conseguiu ter excedentes orçamentais". Pudera! Não havendo financiamento não pode haver défice. O problema é o que é que acontece ao resto da economia e, nomeadamente, o que é que acontece às necessidades das pessoas que de momento deixam de poder ser satisfeitas.

Esta realidade, de alguma forma, é nova para nós, para as gerações vivas. E é nova porque esta consciência só aparece agora de repente e esta percepção só aparece desta forma tão clara agora, porque fazemos parte do euro e ficámos sujeitos a um conjunto de regras, nomeadamente o facto de termos perdido a liberdade monetária e, portanto, a possibilidade de gerir uma moeda própria. Porque, noutras ocasiões, havendo moeda própria, um recurso a que os Governos facilmente deitavam mão para conseguir financiar o seu excesso de despesa era o financiamento monetário. Isto é, punham a rotativa do Banco Central a funcionar; emitiam mais moeda e pagavam as suas contas com a moeda que emitiam. A consequência disso seria a inflação, que, no fundo, acarreta a cobrança de um imposto cego e injusto – o imposto inflacionário que não deixa de ser um imposto – e por essa forma conseguiam resolver o problema sem um *default* propriamente dito. Tecnicamente desvalorizar a dívida com inflação é também é *default,* mas isso são pormenores técnicos que vamos deixar de lado. Portanto, as pessoas ficavam com a ilusão de que haveria sempre dinheiro para pagar o que era necessário.

Deixando de ter a possibilidade de usar a rotativa do Banco Central para financiar défices e pagar dívidas, só podemos aceder a financiamento se alguém estiver disponível para nos emprestar. E esta é uma realidade nova que muita gente ainda não conseguiu apreender suficientemente. Portanto, é preciso que nos queiram emprestar e para nos quererem emprestar é natural que nos imponham condições que lhes assegurem que vão reaver o dinheiro que nos empresta. Porque quem nos empresta pode ser como qualquer das pessoas que aqui estão, que têm as suas poupanças e que as aplicam. E onde é que as vão aplicar? Vão emprestar dinheiro a alguém que possa ter uma probabilidade elevada de não devolver esse dinheiro? É claro que não. Ou então, se entenderem que há um risco elevado, vão pedir uma taxa de remuneração mais elevada, um prémio que compense o risco mais elevado. Certamente para emprestarem a um país como a Argentina, só o farão se esperarem uma remuneração muitíssimo maior do que se estiverem a emprestar aos Estados Unidos ou do que se estiverem a emprestar à Alemanha, por exemplo.

E, portanto, essa é a questão com que nos temos de confrontar, com a agravante de que nós, no caso português, temos dois problemas de dívida simultâneos e são os dois igualmente graves. Temos um problema de dívida pública, um problema que tem a ver com a gestão das finanças públicas, mas temos também um problema de dívida externa. Nós somos o país da União Europeia – tanto quanto eu tenho presente e julgo que não me falhará nenhum, mas admito que possa haver aqui alguma falha, – que tem a maior dívida externa líquida em percentagem do PIB. Neste momento, no final de 2009, esta já era cerca de 110% do PIB. A dívida externa líquida, não a bruta, porque esta é da ordem dos duzentos e tal por cento do PIB, 250%, mais ou menos.

Por conseguinte, isto põe também um problema para o país como um todo. Às tantas começa a ser, não apenas menos provável que continue a haver disponibilidade para nos emprestarem dinheiro dado o montante que devemos, como, a um certo ponto, pode não haver sequer capacidade do nosso lado para pedir mais dinheiro emprestado. Porque, se pensarmos ao nível das famílias, estas apenas se podem endividar até ao ponto em que acham que vão conseguir pagar essa dívida. As famílias ou as empresas, a partir de um determinado momento, já não podem pedir emprestado, porque deixam de ter capacidade de pagar e, por consequência, ninguém lhes concederia mais crédito.

Por conseguinte e chegados ao ponto em que nos encontramos, ou nos empenhamos em estabilizar o *ratio* da dívida, quer a pública, quer a externa, face ao PIB (i.e. face àquilo que produzimos anualmente), ou vamos ter muitas dificuldades em obter novos créditos. Já não digo reduzir a dívida, mas apenas estabilizá-la. Só por essa forma conseguiremos sossegar os credores, os existentes ou os potenciais, e convencê-los a continuarem a emprestar-nos, dando-nos tempo a um ajustamento mais suave. Isto porque julgo que ninguém acreditará que consigamos eliminar os nossos défices, quer público, quer externo, de um momento para o outro, em um ou dois anos apenas. O esforço seria demasiado violento. Isso significa que vamos continuar a depender dos credores e vamos necessitar de satisfazer as suas condições. Podemos achar que essas condições são injustas, ou que deveriam ser mais suaves, mas nós não estamos em condições de lhes impor condições a eles. Eles têm a liberdade de nos emprestar ou de não nos emprestar. Nós só temos a liberdade de continuar a pedir emprestado, de depender dos credores. Ou seja, o pacto faustiano em que entrámos no passado, consumindo acima das nossas possibilidades – o Estado, as Empresas e as Famílias –, retirou-nos, no presente, bastantes graus de liberdade para gerir as nossas vidas e o nosso destino. A orgia despesista em que temos vivido, deixou-nos apenas a liberdade dos dependentes.

É claro que a um determinado momento, se as condições que nos são impostas pelos credores forem demasiado elevadas, teremos sempre a opção de não pagar o que devemos. Mas, nesse caso, teremos que estar preparados para deixar de ter acesso a novos financiamentos, e portanto, a fazer o nosso ajustamento de sopetão.

Bom, mas dir-me-ão: "está bem, mas isto de dívidas há muito tempo que as há; vimos a acumular dívida há muito tempo, porque é que só agora, de repente, é que o problema se tornou tão premente?". Por variadíssimas razões. Há uma, não a menos importante de todas, que é o facto de estarmos numa crise financeira internacional, em que todos os Governos tiveram de aumentar as suas dívidas. De repente, e por um lado, começa a ser mais escassa a disponibilidade dos credores de satisfazer todas as necessidades de crédito que aparecem no mercado. Isto é, se toda a gente, de repente, começa a dever mais, se toda a gente começa a ter dívidas maiores, começa a haver uma espécie de rateio. E a partir do momento em que começa a haver muito mais gente em situação de dívida mais ou menos elevada e a capacidade de financiamento começa a escassear, a probabilidade de que alguém não vá pagar aumenta. Os credores e os analistas perante esse aumento da probabilidade de que alguém não vai pagar, vão avaliar individualmente quem é que tem mais probabilidade de não pagar. Aí, por razões mais ou menos óbvias, nós ficamos no radar das situações de perigo e tornamo-nos num foco de atenção desse risco. Tanto mais que dívidas elevadas estão historicamente associadas a crescimento baixo e, por isso, cria-se também um outro círculo vicioso – relevante para a análise dos credores –, segundo o qual dívidas elevadas condicionam a capacidade de crescimento e, ao condicionar a capacidade de crescimento, condicionam a capacidade de as pagar. Pois a capacidade de crescimento é a capacidade de gerar recursos adicionais que se possa afectar ao serviço da dívida, sem sacrificar os níveis de bem estar. Ora, se dívidas elevadas condicionam a capacidade de crescer, condicionam também a possibilidade de pagar e daí o círculo vicioso do risco de crédito.

Depois, outra coisa que esta crise internacional, e a conjunção de múltiplas situações deficitárias que agora se revelaram, vieram trazer foi o exacerbar de uma outra crise que poderemos considerar endémica. Ou melhor, veio exacerbar contradições existentes na União Económica e Monetária Europeia, na Zona Euro. Contradições já existentes, mas que, de certa forma, não estavam inflamadas, não eram suficientemente perceptíveis durante os dez anos em que o ambiente económico geral foi muito favorável. Ao tomar-se agora consciência dessas contradições aumenta, mais uma vez, a incerteza sobre a capacidade de alguns países, por si só, conseguirem honrar os seus compromissos.

Mas se olharmos para a crise que a Zona Euro hoje atravessa, só a geração mais nova e que eventualmente não tenha estudado história económica é que ficará surpreendida com aquilo que hoje acontece na Zona Euro. Porque as contradições e dificuldade que hoje existem na Zona Euro existiram sempre em todos os arranjos monetários europeus, pelo menos nos últimos quarenta ou cinquenta anos, em maior ou menor grau, levando a maiores ou menores tensões, que foram sendo resolvidas, como todas as tensões, com mais ou menos custos ocasionais. Mas o que é interessante notar é que, apesar do novo contexto, o tipo de contradições que hoje existe é exactamente o mesmo que existia há dez anos, que existia há vinte anos, que existia há trinta anos.

Isto resulta do seguinte: a União Económica e Monetária junta países com uma diversidade muito grande, quer de tecido económico, quer de capacidade de organização económica propriamente dita, quer de funções de preferência económicas e sociais, e isso cria um elemento de instabilidade muito grande para manter taxas de câmbio fixas. Essa divergência, digamos assim, existe em dois pólos, que são exactamente os dois pólos que sempre existiram.

Por um lado, um conjunto de países, sobretudo do sul, que valorizam pouco a disciplina financeira e a frugalidade – sempre assim foram, não é de agora – contrapõe-se a outro grupo, sobretudo do norte e onde predomina a Alemanha, que valorizam muito a disciplina financeira, o rigor e a frugalidade. Essa convivência, agora no mesmo espaço monetário, não pode, obviamente, deixar de dar lugar a tensões, que determinadas circunstâncias, como são as actuais, tornam mais exacerbadas. Esta é a tensão mais visível.

A outra grande tensão e que passa mais despercebida – apesar de hoje muitos estarem a tomar consciência dela, esquecendo-se, mais uma vez, que ela não tem nada de novo – é a que resulta de a Alemanha ser economicamente demasiado eficiente para conviver em harmonia monetária e cambial com outras sistematicamente menos eficientes. Mais uma vez, esta tensão sempre existiu, só que ao longo dos últimos quarenta, cinquenta anos dispôs de uma válvula de escape que, recorrentemente, a permitiu resolver. Essa válvula de escape era a revalorização do marco alemão. Entre os finais dos anos 50 e 1995 foi revalorizado perto de vinte vezes. Com o euro, essa possibilidade deixou de existir e a Alemanha continua a ser mais eficaz do que os seus parceiros a controlar os seus custos laborais, a taxa de câmbio real da economia alemã tornou-se sistemática e crescentemente subvalorizada, assegurando-lhe uma competitividade excessiva e economicamente inadequada.

De facto e apesar de terem deixado de existir as taxas de câmbio nominais, as taxas de câmbio reais (indicador de competitividade das economias) continuam a existir, sendo determinadas pela relação dos preços de produção entre cada economia e as demais. Não podendo reajustar a taxa de câmbio real pela "manipulação" da taxa nominal, a restauração das condições de competitividade dos demais países do Euro, face à Alemanha, só pode ser feito pelo diferencial de preços, o que implica uma de duas vias (ou a sua combinação): inflação na Alemanha ou deflação nos outros países. Como a Alemanha tem imbuído nos seus génes, pelo menos desde os anos 20, uma aversão absoluta contra a inflação, dificilmente se irá conseguir fazer o ajustamento pela via inflacionária. O que implica que o reajustamento da competitividade acabe por implicar uma deflação – i.e. redução dos custos de produção – nos países que mais competitividade perderam e que são os da periferia.

Bom, dado que já esgotei o tempo eu deixo depois o resto para as perguntas e respostas e para os comentários. De qualquer forma, este é o contexto por que o actual PEC suscita muito maior interesse do que os anteriores.

O PEC – Questões Gerais

Manuela Silva[*]

O PEC anuncia-se como sendo de estabilidade e de crescimento da economia, mas é, essencialmente, um programa que visa a estabilidade financeira.

Dada a situação financeira do País, tal como ela é apreciada pelo mercado internacional e pelas instâncias comunitárias, mais cedo ou mais tarde, haveria de surgir um qualquer programa de equilíbrio das contas públicas e de contenção do endividamento dos portugueses. Ou seja, o País tem vindo a gastar mais do que aquilo que produz e coloca no mercado e chegou a hora de traçar um programa que permita inverter esta marcha, num horizonte temporal definido, que não pode deixar de ter em conta compromissos assumidos no âmbito da U.E. e o respectivo enquadramento jurídico-institucional. Isto para que se devolva segurança aos credores, antes que sucedam imposições mais gravosas.

Nestas circunstâncias, não discuto a necessidade de o fazer, pois considero que, dadas as condicionantes externas, não haveria margem para outra solução. Pelas reacções já conhecidas, parece que o PEC mereceu boa nota na esfera comunitária e nas

---

[*] Professora Catedrática Jubilada do Instituto Superior de Economia e Gestão da Universidade Técnica de Lisboa.

instâncias internacionais (FMI, OCDE, BE), mas ainda não convenceu as agências de rating que continuam com ameaças de nota negativa.

É, contudo, importante, do meu ponto de vista, reconhecer, desde já, que, apesar de nele estar traçado um objectivo de crescimento económico, este PEC não é o caminho nem de um crescimento que seja de desenvolvimento sustentável, nem de uma estabilidade que não se restrinja à esfera financeira, mas seja também de sustentabilidade e coesão social. Na melhor das hipóteses, o PEC agora apresentada é condição necessária mas não suficiente para se alcançarem metas de verdadeiro desenvolvimento sustentável.

Declarado o quadro de referência geral de onde parto para esta reflexão, passaria a desenvolvê-la em duas partes: a primeira incide sobre a natureza das medidas apresentadas e suas consequências; a segunda, sobre o que está por fazer para além deste "PEC" para que o País encontre um indispensável rumo de desenvolvimento sustentável.

Dito isto, cabe dirigir a atenção para as opções de estabilidade financeira tomadas neste PEC. O equilíbrio das contas públicas e a contenção do peso do endividamento externo (público e privado) no PIB aparecem como o objectivo principal a atingir, o que se compreende pela preocupação de dar ao exterior a resposta que os mercados financeiros e as instâncias comunitárias compreendem e reclamam, no quadro do modelo neo-liberal vigente e da ideologia dominante.

Para acertar as contas públicas, as soluções são as habituais: cortar na despesa pública, aumentar a receita do Estado.

Quanto aos cortes nas despesas, dou-me conta que estão contempladas metas interessantes, nomeadamente no que se refere à contenção de gastos gerais considerados supérfluos, maior racionalização nas aquisições de bens e, principalmente, uma redução significativa com gastos em consultadorias em *outsourcing* a que as administrações se habituaram a recorrer, indiscriminadamente, quando deveria ser recurso de última instância e sempre sujeito a avaliação regular por parte de competentes serviços administrativos. Em que medida estas intenções serão concretizadas e com que meios de controlo são, por ora, incógnitas, naturalmente muito ligadas ao poder político de que venha a dispor o Ministro das Finanças.

Quanto ao previsto congelamento dos salários na administração pública, tenho total discordância. A meu ver, trata-se de uma medida cega e injusta e com previsíveis consequências negativas do ponto de vista da desejada sustentação da actividade económica pelo lado da procura. Admitindo ser necessário reduzir o volume total das despesas com pessoal, haveria que o fazer de modo mais equitativo, por exemplo apontando para um leque salarial mais justo e, bem assim, restringindo o recurso a prémios, despesas de representação e outras de que beneficiam sobretudo os gestores e quadros técnicos superiores. Nunca à custa de redução indiscriminada de salários pela via do respectivo congelamento.

O mesmo raciocínio é válido para o programa de redução do número de funcionários públicos, medida também ela cega e perigosa, dado que há sectores da Administração e serviços públicos onde, já hoje, existem manifestos défices de recursos humanos. Por ouro lado, não pode esquecer-se o elevado nível de desemprego existente e o papel que o Estado (Administração central e Autarquias) pode desempenhar na criação de emprego, com benefício para toda a economia.

Quanto ao investimento público, dado o seu impacto em termos de incentivo à actividade económica e no emprego, há que usar de particular rigor na fixação do respectivo volume global e selectividade.

O PEC prevê desaceleração em alguns projectos de investimento público, o que parece sensato, mas não deveria descurar investimentos públicos destinados à melhoria da qualidade de vida dos cidadãos ou a servirem de incentivo à modernização e reestruturação do tecido produtivo A este propósito, cabe lembrar que as pequenas obras públicas de desenvolvimento local se apresentam com efeitos, directos e indirectos, relevantes do ponto de vista da utilização dos recursos humanos locais e absorção do desemprego, além de que se traduzem, imediatamente, no bem-estar das respectivas populações locais, servindo, por isso, objectivos de coesão social, que não podem deixar de ser contemplados em qualquer estratégia de ajustamento.

Também no que respeita às receitas, este PEC afigura-se-me criticável, por falta de equidade na repartição dos custos do ajustamento proposto.

Com efeito, é sabido que Portugal é dos países da U.E. com maior nível de desigualdade na repartição da riqueza e do rendimento. Ora, o aumento da taxa de IRS de 42 para 45% é, nas actuais circunstâncias, uma correcção demasiado modesta e fazê-lo só partir do escalão de 150 mil euros significa que abrangerá apenas um pequeníssimo sector da população. É certo que, mesmo sendo esta uma medida muito tímida, já levantou protestos por parte de potenciais afectados, o que é bem revelador da necessidade de promover uma mentalidade colectiva de pendor mais favorável à equidade e, consequentemente, com maior aversão à desigualdade.

Por outro lado, no actual PEC, não foram equacionados outros aspectos que devem ser urgentemente revistos no nosso sistema fiscal e cuja reforma a actual crise poderia ajudar a viabilizar. Refiro-me a dois exemplos: a base de contribuição para a segurança social que deverá passar a incidir sobre o VAB e não depender apenas das remunerações do trabalho; a revisão da taxa de tributação da actividade bancária que continua mais baixa do que para a restante actividade económica.

Pela positiva destaco a anunciada medida de tributação das transacções mobiliárias.

No que diz respeito ao recurso à alienação de participações do estado num conjunto de empresas estratégicas, parece-me ser um alvo particularmente gravoso e indesejável, num tempo em que o Estado vem perdendo poder de regulação da economia e controlo sobre os grupos financeiros nacionais e internacionais. Abdicar dessas participações é prescindir de uma certa margem de alavancagem da economia, além de que trata-se de obter receitas imediatas de uma só vez, sacrificando receitas futuras.

Também não compreendo por que, nas actuais circunstâncias de dificuldade de acesso a crédito externo e respectivo custo elevado, não se lança mão de recurso à captação de poupanças dos particulares, revendo as condições de emissão dos certificados de aforro que, como é sabido, são produtos que, comprovadamente, vêm ao encontro dos gostos de aplicação de poupanças por parte dos particulares.

Deixo para o final da minha intervenção o ponto mais crucial.

O pior que nos podia acontecer com este PEC era ele alimentar a ilusão de que está encontrada a chave para enfrentar os nossos problemas de desenvolvimento a médio prazo. O que, verdadeiramente, me preocupa é que o País precisa urgentemente de um rumo para um desenvolvimento sustentável e o PEC pode constituir uma cortina de fumo que prejudique o esforço colectivo para chegar a uma tal estratégia.

O modelo subjacente ao PEC, na parte que respeita ao crescimento, assenta nas exportações, modelo em relação ao qual existe, hoje, reflexão teórica e evidência empírica que provam que um tal modelo de crescimento não é garantia de real desenvolvimento sustentável.

O actual nível de desemprego é, só por si, um indicador de que é indispensável e urgente conceber estratégias de desenvolvimento a prazo que tenham como objectivo criar emprego, assim como privilegiar objectivos de erradicação da pobreza e promoção da qualidade de vida das populações urbanas e rurais, do litoral e do interior, sem discriminação.

Em particular, não pode ignorar-se a incidência e a persistência da pobreza no nosso País, que afecta quase um quinto da população. Ora, isto não é uma fatalidade. Significa, apenas, que há necessidades básicas de uma boa parte da população a que o mercado, nas actuais circunstâncias, não dá resposta e que, por isso, a erradicação da pobreza deve ser considerada um objectivo explícito de uma estratégia e política económica de desenvolvimento e não uma mera questão residual a resolver pela assistência social ou considerá-la um hipotético efeito secundário benéfico decorrente de um qualquer crescimento económico. É fácil de demonstrar que pode haver elevado índice de crescimento económico com crescimento da pobreza e da exclusão social.

Por outro lado, todos nós reconhecemos que há necessidades colectivas no domínio da educação, da saúde, da segurança, da habitação, que estão por satisfazer e cuja satisfação deve, por isso, ser tida como objectivo a atingir por uma estratégia de desenvolvimento que, para o efeito, trace objectivos e metas concretas e acompanhe os resultados da implementação de políticas apropriadas para os atingir, pois não se alcançarão apenas com um mero crescimento económico entregue a uma lógica do mercado sob a hegemonia dos interesses do capital financeiro.

Não pode, igualmente, esquecer-se que está por enfrentar o inevitável processo de desindustrialização ainda em curso e a necessária passagem a uma economia mais baseada no conhecimento. Há sinais positivos devidamente destacados no texto do PEC, nomeadamente no domínio da expansão dos serviços e na intensidade da componente tecnológica, mas não me dei conta de uma estratégia clara de transição que permita fazer face aos custos sociais inerentes às indispensáveis reestruturações.

Em suma, e no que diz respeito ao anunciado caminho de estabilidade e crescimento, a mensagem que queria deixar à audiência é que, na minha opinião, é fundamental que o PEC não distraia governantes, políticos, parceiros sociais e a sociedade civil em geral da tarefa primordial de construir uma estratégia clara e robusta de um desenvolvimento humano sustentável, assente em objectivos de qualidade de vida e bem estar dos cidadãos e cidadãs deste País, com trabalho digno para todos os que o procuram, equidade na repartição dos custos e dos proveitos, e com garantia de sustentabilidade ambiental.

O PEC – Questões Gerais

Octávio Teixeira[*]

Bom dia a todos!

Gostaria de começar por agradecer ao Prof. Paz Ferreira e ao IDEFF o convite que me fizeram para estar presente nesta conferência e cumprimentar formalmente os meus colegas de mesa.

Começo por dizer, à laia de pontos prévios, que não sou contra a existência de um PEC enquanto programa orçamental de médio prazo e que tenho consciência da pressão que os mercados financeiros neste momento exercem sobre vários países e em concreto sobre Portugal.

Para mim o problema essencial é o das opções deste PEC, e é essa a razão essencial de ele estar a ser tão discutido em termos públicos.

Para ser sintético, pelo menos tão sintético quanto possível, considero que em termos globais este PEC é inadequado do ponto de vista económico e é profundamente injusto do ponto de vista social.

Nessa perspectiva relevo aquilo que eu chamaria seis grandes erros deste PEC.

---

[*] Economista.

O primeiro desses erros, tenho de ser honesto, não é da responsabilidade exclusiva do Governo: é em grande medida, e talvez até, fundamentalmente, decorrente do fundamentalismo da União Europeia em relação ao limite do défice consentido. Porque obrigar os países da União Europeia a reduzirem os défices seis ou oito pontos percentuais do PIB em três anos é uma factura pesadíssima e demasiado dolorosa para os cidadãos. E sem justificação, porque a generalidade dos fortes agravamentos dos défices públicos que houve em 2009 e que se vão manter em 2010 decorre de circunstâncias excepcionais. Para outros efeitos ninguém tem dúvidas em dizer que estivemos, eu considero que ainda estamos – mas para que não haja debate acerca desta questão, diga-se que estivemos – dentro da maior crise económica depois de 1930. Ora, sendo a causa uma situação absolutamente excepcional, a recuperação dos défices deverá também ter uma perspectiva excepcional em termos temporais, ou pelo menos deveria ter, e não impor estas facturas que, como disse há pouco, são demasiado pesadas sobre as sociedades e sobre a generalidade dos países. Aliás, permito-me fazer uma previsão: dentro de um ou dois anos os prazos para trazer os défices abaixo dos 3% vão ser dilatados, porque a partir do momento em que a França, por exemplo, não se mostrar capaz ou interessada em reduzir o défice em três anos, a partir desse momento alargam-se os prazos. Mas entretanto a factura estará a ser paga principalmente pelos países que não têm poder político no conjunto da União Europeia para debater esta questão ou para se imporem, como é o caso de Portugal.

O segundo erro é que, na minha perspectiva, o PEC não apoia a recuperação económica, questão central para o País e base essencial para a redução sustentada do desequilíbrio das finanças públicas. E não apoia a recuperação económica, desde logo, ao reduzir o investimento público para um nível historicamente baixo: nos últimos quarenta ou cinquenta anos, pelo menos, nunca tivemos o investimento público a um nível do PIB tão baixo como o que está previsto para 2013. E isto num momento em que o investimento privado continua a zero em termos de taxa de crescimento.

Por outro lado elimina, já em 2011, segundo o PEC, todas as medidas anti-crise, designadamente as de apoio social, quando o próprio Governo no PEC prevê que a taxa de desemprego se vai manter altíssima em Portugal, com uma projecção em que o número de postos de trabalho existentes em 2013 será ainda inferior ao número de postos de trabalho que existiam em 2008, e com a previsão de taxas de crescimento para este período que mostram um crescimento absolutamente anémico.

O terceiro erro: na minha perspectiva deveria ter sido tomado em consideração o facto de que o agravamento do défice em 2009 decorreu fundamentalmente da queda das receitas fiscais. E na componente do aumento de despesa, que foi inferior ao da queda das receitas fiscais, o essencial resultou das medidas de incentivo ou de apoio da economia para que ela não se afundasse ainda mais.

Ora, tendo sido a causa fundamental a queda das receitas fiscais, não se percebe, e parece-me errado, que agora no PEC se pretenda impor a correcção do défice através, fundamentalmente, da redução da despesa e não do aumento da receita. Acresce, permitam-me dizê-lo, que algumas quedas das receitas para mim ainda não estão explicadas: não consigo perceber como é que reduzindo o consumo em 1,7% em termos nominais, como é que o IVA, já expurgado dos efeitos de baixa taxa do IVA de 21% para 20% e da redução do prazo de reembolsos, cai 14%? Se isto resultou do aumento da evasão, então a sua recuperação poderia ser rápida...

O quarto grande erro, na minha perspectiva, é que as medidas propostas no PEC para tentar reduzir o défice são socialmente injustas, recaindo pesadamente sobre as camadas sociais mais carenciadas e cegamente sobre a classe média. Se olharmos a página VI do PEC com a quantificação das várias medidas, verificamos que a mais elevada em termos de valor é a redução da protecção social. E a redução da protecção social, fundamentalmente dos "regimes não contributivos". Está escrito no PEC. Não ignoro que ontem o Ministro da Presidência veio dizer que "as pensões sociais não vão ser congeladas". Mas o que está no PEC é que vão ser congeladas porque integram o regime não contributivo. Para além do mais, não é possível fazer uma redução, em três anos e em termos nominais, da ordem dos 2 300 milhões de euros se não se congelar, pelo menos, as pensões sociais que são a componente que mais pesa no regime não contributivo. Mas se não vão congelar as pensões sociais então terão de, para cumprirem o tecto fixado para as transferências do Orçamento para o regime não contributivo, terão de cortar, mas cortar fortemente, na acção social. O que vai dar ao mesmo: é penalizar as camadas mais carenciadas. E reparem, nem sequer estou a falar do problema de saber se vai aumentar ou não o número de pessoas necessitadas para receber outros apoios sociais face ao quadro numérico que existia em 2009 ou em 2010.

E são igualmente significativas as alterações no subsídio de desemprego, a relação entre o subsídio e a remuneração, ou seja, a redução do valor dos subsídios, e a diminuição do nível de salários oferecidos que obrigam à aceitação de posto de trabalho. Ora, os desempregados fazem parte também das camadas sociais mais carenciadas que existem no país. Também aqui ressalta o socialmente injusto.

O quinto grande erro é o das opções sobre a fiscalidade.

Contrariamente àquilo que se dizia há meia dúzia de dias atrás, todos os escalões do IRS vão ser penalizados, incluindo os dois primeiros escalões, porque a partir do momento em que se congela a dedução específica para trabalho há agravamento da tributação nos dois primeiros escalões.

Em termos das classes médias de rendimento, a medida é um *tecto* global para as deduções em IRS, por acréscimo fazendo uma confusão, politicamente não inócua, entre deduções à colecta e benefícios fiscais. Este *plafonamento* global é cego, porque põe na mesma ordem de consideração de prioridades, chamemos-lhe assim, as deduções à colecta por PPR's, energias renováveis e seguros, por exemplo, que beneficiam uma percentagem reduzida dos contribuintes de IRS, com as deduções para saúde e para a educação. Do ponto de vista da perspectiva social isto não me parece aceitável.

A Dra. Manuela Silva referiu há pouco a questão do escalão dos 45% e eu fiz-lhe sinal, peço-lhe desculpa por isso, de que são muito menos que os 30 mil os agregados atingidos. Porque repare-se: os últimos elementos oficiais davam conta que havia trinta e poucos mil contribuintes de IRS com rendimentos colectáveis superiores a 62 mil euros; ora, os detentores de rendimentos colectáveis superiores a 150 mil euros terão de ser muito menos. E se tivermos presente, raciocinando em termos de agregados compostos por um casal, que os 150 mil euros de rendimento colectável corresponde, no mínimo, a 350 mil euros de rendimento bruto, eu diria, sem pretender ser bruxo, que não teremos mais 3 mil e 4 mil agregados afectados. Acresce que em termos individuais a penalização é mínima, pois um casal que ganhe 350 mil euros por ano terá de pagar mais 1500 euros de imposto.

No âmbito da fiscalidade apenas mais uma questão: o Governo só conhece um imposto, o IRS. Não existem o IVA, os impostos especiais de consumo, nem o IRC nem os benefícios fiscais em sede de IRC...

O sexto erro: a questão das privatizações.

Considero que as privatizações que estão previstas no PEC não têm sustentabilidade do ponto de vista económico, não têm sustentabilidade do ponto de vista financeiro e não têm sustentabilidade do ponto de vista social. Aproveitou-se o pretexto do PEC em período de crise para promover privatizações assentes estritamente no ponto de vista ideológico. Privatizar monopólios naturais? A REN, a ANA, a CP ou os CTT são monopólios naturais, pelo que do ponto de vista económico é um erro crasso privatizar essas empresas e lesa os beneficiários do serviço público que elas prestam.

Do ponto de vista económico, o Governo diz que as privatizações são para reduzir a dívida. Eu tenho em devida conta o peso da dívida pública, embora considere que é muito mais preocupante, de há muito tempo, o peso da dívida externa. Mas também com o peso da dívida pública há que ter preocupações e cuidados. Mas desculpem: ter uma dívida pública, em 2013, de 90% do produto ou de 92%, em termos substantivos é a mesma coisa, pelo que justificar aquelas privatizações com base nisto não pode ser. E do ponto de vista financeiro também não é sério, porque o Governo refere que, e a Dra. Manuela Silva já chamou a atenção para isso, vai ter um impacto em termos de redução de juros de 0,1% do PIB. Aquilo que o Governo espera poupar com as privatizações em termos de baixa dos encargos com juros é inferior àquilo que estas empresas neste momento aportam para o Orçamento de Estado em termos de dividendos.

Para além do mais, entregar ao sector privado empresas que funcionam em mercados monopolistas ou protegidos é atrair recursos financeiros privados para aplicações basicamente sem risco, em detrimento da sua aplicação em novos investimentos produtivos de que a economia e o País tanto carecem.

Em suma, na minha perspectiva estas privatizações sustentam-se em razões estritamente ideológicas, em prejuízo dos valores económicos e sociais. O PEC é um mero e mau pretexto.

Muito obrigado.

O PEC – Questões Gerais (Cont.)

Oradores:

Jorge Braga de Macedo
Diogo Leite Campos
Luís Morais
João Rodrigues

Nem Estabilidade nem Crescimento?[*]

Jorge Braga de Macedo[**]

Tenho muito gosto em estar na casa que já foi minha. E vou introduzir o tema recordando tempos idos em que um deputado comunista me fez esta pergunta extraordinária: "Diga, se faz favor, se o programa de convergência – chamava-se Q2 na altura – pretende a convergência nominal ou real?". Respondi que era uma pergunta técnica, fiz uma pausa para beber um copo de água, e disse: "Ambas". Se bem me lembro a bancada aplaudiu, o hemiciclo riu e passou-se adiante. Sobre o *Programa de Estabilidade e Crescimento* que aqui nos reúne, apetece-me também ser curto (depois de beber um pouco de água): "Nem uma, nem outra". Como só passa quem souber, devo justificar

---

[*] Agradeço ao IDEFF a transcrição que revi incorporando a resposta a duas perguntas da audiência e à qual acrescentei um anexo reproduzindo o manifesto várias vezes referido no texto, que subscrevi com o Dr. Joaquim Pina Moura, bem como referências bibliográficas. Ao contrário do relatório da OCDE citado no texto, que é bilingue, a comunicação à Academia das Ciências baseou-se num texto em inglês apresentado numa conferência na Faculdade de Ciências Sociais e Humanas da Universidade Nova de Lisboa, onde por sinal conheci o colega de painel Dr. João Rodrigues (Macedo, 2010 nota 8)

[**] Professor Catedrático da Faculdade de Economia da Universidade Nova de Lisboa.

neste anfiteatro a dúvida que não tive naquele tempo: o Q2 seguiu o procedimento certo para atingir a convergência nominal e real, este programa não assegura estabilidade nem crescimento.

Acresce ao procedimento outra consideração que na altura poderia ter adiantado, se tivesse adivinhado a reverberação continuada da imagem que me deu Pessoa, por último num editorial de Pedro Santos Guerreiro "Oh não, a teoria do oásis outra vez" a comentar a entrevista de verão do primeiro-ministro ao *Financial Times*. Os políticos têm tendência a esquecer que a conjuntura externa determina largamente o desempenho da pequena economia aberta que somos. Determina, queria acrescentar, mais para o mal do que para o bem. Na verdade, uma pequena economia aberta não consegue escapar à recessão dos mercados para que exporta mas, se não souber manter a competitividade exportadora, a recuperação desses mercados pode escapar-lhe, condenando-a a um crescimento inferior, logo à divergência real.

Dada a conjuntura internacional presente ou esperada, é o procedimento que mais ordene. Quando se não se conhecem bem as intenções de certa medida de política económica, o procedimento ajuda a prever os seus efeitos porquanto aponta para a respectiva credibilidade. Por outras palavras, perante uma pergunta sobre os efeitos do *Programa de Estabilidade e Crescimento*, temos de nos preparar sempre para o pior. Basta que o procedimento não esteja correcto para se duvidar da eficácia, embora possa haver efeitos indesejados ou não previstos, favoráveis ou desfavoráveis.

No manifesto reproduzido em anexo, explica-se que o procedimento é fundamental para se perceber o que um programa plurianual de consolidação orçamental pretende. Trata-se de exercícios de médio prazo, que têm de envolver toda a sociedade, todas as constituências – como se diz agora. Até as constituências contrárias à estabilidade e crescimento devem ser ouvidas para que justamente se encontre o equilíbrio entre ambas. A resposta que dei nesse tempo longínquo queria afiançar isso mesmo. Embora o Q2 tenham ficado aquém de um e outro objectivo de consolidação, permitiu a adesão ao Sistema Monetário Europeu, o regresso da convertibilidade plena do escudo e algumas das reformas estruturais prometidas no programa de governo. A despeito da recessão de 1993-94, a convergência real só anos mais tarde foi interrompida. A reversão nas reformas estruturais durante mais de uma década teve esse efeito, mostrando precisamente a ausência das constituências para a reforma.

O manifesto em anexo, divulgado num programa semanal moderado por António Peres Metelo, alerta para o procedimento da negociação e também para o perigo da bola de neve que tem a ver com a diferença entre o juro que pagamos na nossa dívida pública, seja ela interna ou externa, e a taxa de crescimento do PIB nominal, reproduzida no quadro. Os valores variam entre quatro e seis pontos de PIB, não é pouco – o valor máximo teve lugar em 2009, mas os valores não diminuem muito, como podem ver no próprio documento. Portanto, começo por alertar para esse perigo e depois chamo a atenção para a importância de ter entidades fora do baralho, ia quase dizer. Duas das entidades mencionadas no manifesto pareciam esquecidas no debate.

O FMI era um "detector de mentiras", como lhe chamei numa sessão da Academia das Ciências de Lisboa sobre a Europa, realizada em 13 de Fevereiro de 2010: não tinha de vir emprestar dinheiro, apenas dizer: "nós certificamos as contas públicas deste país". Não havia problema, nós de facto temos contas incomparavelmente mais transparentes, embora longe ainda do ideal, do que têm outros países europeus com os quais nos compara.

Portanto, era um assunto que entrava inteiramente dentro de uma estratégia de prudência. Como escrevia Bruno Faria Lopes no i de 25 de Fevereiro: "O PEC terá de ir além dos cortes na despesa, e, para o conseguir, a sua elaboração 'não deve estar fechada em São Bento', diz Braga de Macedo. 'O FMI, que conhece bem a economia nacional, seria um bom auditor e traria credibilidade ao documento' adianta o ex-ministro das Finanças de Cavaco Silva. Pina Moura, ex-ministro de Guterres, vai mais longe: 'Ou se olha para o PEC como um instrumento burocrático, ou se tenta invoar num documento plurianual e estratégico – este PEC não é *business as usual*, há uma política económica apensa ao documento'. O manifesto não será assinado por outros economistas e os seus promotores desvalorizam as diferenças de cor política entre ambos."

A UTAO, essa, foi uma maravilha da criação, muito exigida pela oposição aqui há uns anos atrás. Já não é oposição actualmente mas criou essa entidade, e agora quer matá-la à fome – à fome de quadros, claro. Eu vim de uma reunião na Hungria este fim-de-semana onde uma série de entidades orçamentais independentes dos vários países compararam as suas experiências e quando citei o relatório da OCDE sobre *Avaliação do Processo Orçamental em Portugal* onde se mostrava o número de pessoas que trabalhavam no *Congressional Budget Office* que são trezentas nos outros países e depois três pessoas, uma das quais parece que está de licença (OECD, 2008, p. 58), as pessoas riram-se e era de rir; eu disse: "eu prefiro chorar". O trabalho que a UTAO tem feito tem sido extraordinário, mas já há quem queira matar a UTAO. Porque é que UTAO é importante, além do FMI? Tem o mesmo papel de "detector de mentiras". É uma informação sobre a transparência dos documentos que o Governo apresenta, não pode tomar decisões, mas ajuda ao procedimento. Portanto, o que mencionei antes de conhecer o PEC, e reflecti no manifesto em anexo, foi procedimento.

Quando conheci as nove páginas do documento que estava para vir não gostei, havia gralhas, havia uma grande ambiguidade, não se percebia minimamente a justificação do ataque à classe média representado pelas receitas *soi disant* fiscais. Por outro lado o crescimento falava-se nele, a referência ao crescimento nas políticas estruturais, mas não se articulavam, essas políticas e portanto não era credível. Ora bem, o documento em si é melhor, isso aí não tenho dúvida nenhuma; neste documento, de facto, as coisas estão muito mais esclarecidas. Aprecio em particular o capítulo VI sobre a qualidade da política orçamental, justamente introduzindo a lei de enquadramento orçamental e toda uma série de ligações entre as políticas estruturais e a política orçamental. Este documento, penso, já permite um debate melhor, mas continua a ser estranha a ausência total de referência a UTAO, nem uma palavrinha, um *happy face* para a UTAO, nada.

A esse respeito, além de FMI e UTAO, há a contribuição do BPI, um banco privado! O documento sobre a definição da dívida ajudou também para explicar a transparência e a definição das contas públicas. Mais uma vez trata-se de um trabalho de grande importância, que tem sido feito também por académicos, eu incluído em tempos passados, saber qual é a definição apropriada. Reparem, isto é um ponto que foi muito salientado na Hungria por uma co-autora do Ken Rogoff que lá apresentou uma comunicação onde salientava que a dívida que não é objecto de negociação, *non-marketable*, não entra nas estatísticas, mas evidentemente entra no serviço da divida e portanto na "bola de neve" acima referida. Portanto aquele trabalho que o BPI fez de esmiuçar, como se diz agora, estas questões é utilíssimo; mas não há uma menção a ele no PEC.

A maneira como a posição de investimento é mencionada na página V ignora completamente que numa situação de aperto não é a posição líquida que interessa, é a posição bruta porque é essa que é exigida imediatamente. Os últimos dados do *Boletim Estatístico* do Banco de Portugal acrescentam a esse valor 441 biliões de euros, portanto o nosso PIB é cento e sessenta e seis, estão a ver que é muito mais de derivados financeiros, que só temos o valor líquido. Há aqui razões de inquietação também quanto ao perfil da dívida externa.

Por razões de poupança, mesmo de avareza, é claro que é natural qualquer pessoa que esteja no Ministério das Finanças tem de poupar, porque é a única maneira de ser aliado dos contribuintes; mas para poupar uns pontos de base recusou-se sistematicamente aumentar o vencimento da nossa dívida, que raramente vai acima dos cinco anos. Portanto nós temos um problema, não tão grave como o grego é claro, mas um problema de renovação que pode não poder passar um momento de perigo. Isto é um problema de dívida externa, mas não é um problema de dívida externa: é um problema de dívida pública. Porquê?

Lamento agora ser enfadonho durante uns minutos. A identidade fundamental da economia aberta diz-nos que a diferença entre a poupança e o investimento privados têm a ver com os chamados *twin peaks* ou duas contas que é o défice externo e o défice público. Eles são determinados em simultâneo, dizer que um se determina sem o outro é asneira. E, portanto, quem venha dizer que o problema vem do défice externo vai ter de nos dizer qual é, justamente, o modelo de desenvolvimento económico. Será a Albânia? Ah não, não é a Albânia, é a China que é maior. Bom, está bem, mas será que nós podemos ter o modelo da China? Há um trabalho célebre de Jeff Sachs e Andy Warner que imagina que nós no véu da ignorância decidíssemos: "quero ser China ou outro?". Bom, é evidente que a China é única e eles próprios têm consciência disso, portanto copiar um modelo de natureza continental, não dá. "Então e o Brasil?", que é favorito de alguns que estão presentes na sala. O Brasil introduziu umas restrições ao comércio internacional em activos e, portanto, isso é bom, correu bem; mas é outro país de dimensão continental com o qual obviamente não nos podemos comparar. Então comparemo-nos com o Chile, não é o Chile de Pinochet é evidente, é o Chile que introduziu na década passada um imposto sobre as transacções financeiras a que chamou *encaje*. Ora bem, há bastante trabalho que foi feito sobre esse imposto e eu queria chamar à atenção para isso, porque esse trabalho é menos conhecido do que os que defendem esse imposto como tendo conseguido aumentar, justamente, a maturidade das operações financeiras, mas à custa das pequenas e médias empresas, trabalhos que (como os de Kristin Forbes) são incontornáveis. Portanto eu digo que tudo o que sejam restrições aos movimentos de capitais, quando é para um alarme durante uma semana, duas, com certeza é preciso ter essa bateria, mas os efeitos não são duráveis. Então, repito, o problema é certamente externo mais até do que interno. Estamos a falar de valores que não são iguais ao PIB, são duas, três vezes o PIB. A questão aqui é como é que se diminui sem ameaçar evidentemente o nosso nível de vida.

Eu termino com outra recordação, mas essa não é minha, é do meu Primeiro-ministro da altura – não preciso de dizer o cargo que ocupa neste momento. Escreveu um artigo onde se fazia eco de uma proposta tipo UTAO. Aludia a um trabalho de Charles Wyplosz que tinha sugerido justamente um conselho nacional para avaliar a transparências das contas públicas e o saldo possível do orçamento, portanto tentar despolitizar. O texto lê-se sete anos depois com um gosto muito grande e aliás daí, suponho eu, a ideia de "para mais tarde recordar", porque não há dúvida que a qualidade da política orçamental não aumentou nesses sete anos, se calhar antes pelo contrário. Como diz o artigo, "a grandeza do saldo do orçamento, como recentemente recordou um conhecido professor de uma universidade suíça, tem sobretudo a ver com as gerações futuras". Ora Charles Wyplosz, cidadão francês de origem polaca, que ensina em Genebra, seguiu no encalço de Jurgen Von Hagen. Voltando às recordações antigas, a pessoa que iniciou esta área da literatura que é da maior importância, chama-se Jurgen Von Hagen, é Professor na Universidade de Bonn, eu fui a Budapeste comentar um trabalho dele. Um dos grandes orgulhos que tenho do tempo que passei no Parlamento foi ter convidado este economista alemão a ir à Comissão de Economia e Finanças como então se chamava defender a importância dos procedimentos orçamentais, no que viria a dar a UTAO. Logo na altura salientei a importância desta literatura para a qual depois contribui com o meu saudoso colega Bill Branson.

Não preciso de vos dizer que em Portugal o poder do Ministro das Finanças sobre o orçamento é o menor dos da Europa dos 27; na Grécia é superior. Bom, portanto o que acontece aqui é que não há maneira de ter rigor orçamental porque a pessoa que é suposto controlar o processo não tem esse poder. Demonstrei isso muitas vezes, remetendo para uma conferência no Instituto de Ciências Sociais organizada pelo infatigável Nicolau Andersen Leitão e fazendo referência ao actual titular, de quem sou amigo, a quem várias vezes visitei com os meus alunos de introdução à macroeconomia que levo todos os anos conhecer instituições como o Ministério das Finanças, o Banco de Portugal e o Parlamento. Alguns mais atrevidos afirmam: "Então Sr. Ministro, parece que tem muito pouco poder". A resposta sorridente é: "Não, eu não me queixo nada, nada disso! Até porque há aqui uma coisa: em Portugal a cultura vai muito contra os Ministros das Finanças com poder porque depois se tornam ditadores". Claro que a citação não é exacta e, ao exclamar: "Meu Deus! Será possível?", estou a ignorar a subtileza do estudioso da reforma cambial de Salazar em 1931 tal como foi apresentada no volume comemorativo do 140.º aniversário da adesão de Portugal ao padrão ouro, conferência do Banco de Portugal que organizei com Barry Eichengreen e Jaime Reis.

Com a literatura iniciada por Jurgen von Hagen considero o Ministro das Finanças aliado dos contribuintes e declarei isso na apresentação de três orçamentos – sem explicitar, por razões óbvias de solidariedade institucional, que os Ministros gastadores eram os inimigos. A cultura política não deve permitir o conflito entre liberdade política e financeira, tal como não deve tolerar a oposição entre Europa e lusofonia, mas o que é certo é que permite e o que é certo é que tolera. Por isso queria congratular-me com as duas perguntas que mostram que o problema da estabilidade e crescimento não é só europeu. Pensar na Europa como uma economia fechada é um erro grave. Se há uma coisa animadora no PEC é na página 43 onde vão encontrar que o peso dos mercados extra-comunitários nas exportações portu-guesas duplicou. Claro, pode-se dizer que o valor absoluto não aumentou, mas não há dúvida que Portugal finalmente está a compreender que a Europa alavanca as relações externas com outros países, com os BRIC's, com a própria África. Não há substituição mas complementaridade entre Europa e Lusofonia

Eu terminei a minha comunicação com uma crítica quase tão dura como as críticas que o deputado comunista fazia ao governo de que fiz parte, relativa a uma cultura política nacional que assimila estabilidade económica e financeira a ditadura. Como disse, esta cultura ignora que a liberdade financeira é aliada da população, não só das elites, com ditadura, porque se observou no século XX – durante a estabilidade financeira com ditadura, depois da, primeira República (de que estamos agora a celebrar o centenário) e se observam a instabilidade e democracia. Portanto, naturalmente o bom povo (ou as elites que pensam pelo bom povo) ignora a complementaridade entre liberdade política e financeira, preferindo uma falsa substituição. Outro mito da nossa cultura política com graves consequências económicas é que se tenha de optar entre Europa ou lusofonia ou, seja, África e Brasil. Estes dois mitos são denunciados em vários trabalhos, designadamente num livro que escrevi há mais de dez anos intitulado *Bem Comum dos Portugueses*.

Agora é o meu ponto principal: refere-se ao exemplo de instituições que estão a ser criadas em todo o mundo, foram para analisar o rigor orçamental. Nós não podemos compreender a Europa olhando só para a Europa. Assim sei, enquanto leitor e amigo até já há muitos anos de Martin Wolf, que ele é um truculento antieuropeu. Por isso, aqui alguém alegar "sou europeísta porque penso como Martin Wolf"; só pode ser ironia.

O problema é encontrarmos uma métrica que nos permita ter esperança no desenvolvimento do nosso país, das nossas pessoas, não obviamente apenas da elite, mas não reduzir a Europa aos erros de arquitectura política e financeira, que existem mas que têm evoluído positivamente. Portanto, é mais do que estar aqui a fazer mais citações, até porque pode haver discordâncias de natureza ideológica que são compreensíveis e até interessantes, reitero que o PEC tem de ser discutido por toda a gente e saúdo o apoio bem-vindo, de um especialista como o Professor Luís Morais relativo à ideia de ir para além da UTAO. Mas repare-se, o óptimo é inimigo do bom, o que eu não quero é que matem a UTAO, porque há dentro do partido do Governo um conjunto de pessoas que o querem fazer. Antes de ir para lá da UTAO, vamos ver se conseguimos assegurar mais transparência às contas públicas externas talvez com o apoio do BPI, do FMI e da UTAO. E esse ponto é um serviço para Portugal, é um serviço para a Europa e é um serviço para o mundo.

Referências

BPI (2010), Estudo do BPI sobre a sustentabilidade das contas públicas portuguesas − http://www.bancobpi.pt/pagina.asp?view= bpiseg_pagina_noticias&s=1&opt=s&lAcesso Noticia= =1&lidNoticia=2A8E60DA-1D7F-4675-BF5D--7C08753CF72B&cod=3205&lang=pt

BRANSON, William, Jorge Braga de Macedo e Jurgen von Hagen (2004), Macroeconomic policy and institutions in the transition towards EU membership, in Shaping the New Europe: Economic Policy Challenges of EU Enlargement, organizado por Michael Landersmann e Darius Rosati, Palgrave, pp. 27-48 (revisão de NBER Working Paper n.º 6555).

FORBES, Kristin (2007), The Microeconomic Evidence on Capital Controls: No Free Lunch, in Capital Controls and Capital Flows in Emerging Economics: Policies, Practices, and Consequences, organizado por Sebastian Edwards, Chicago: University of Chicago Press, pgs. 171-199.

FORBES, Kristin (2003). "One Cost of the Chilean Capital Controls: Increased Financial Constraints for Smaller Traded Firms." NBER Working Paper #9777.

MACEDO, Jorge Braga de, José Adelino Maltez e Mendo Castro Henriques (1999), Bem Comum dos Portugueses, Lisboa: Vega

88 *Jorge Braga de Macedo*

MACEDO, Jorge Braga de (2007), A mudança do regime cambial português: Um balanço 15 anos depois de Maastricht, in Vinte anos de integração europeia (1986-2006) – o testemunho português, organizado por Nicolau Andersen Leitão, Lisboa: Edições Cosmos, pp. 91-137 (revisão de FEUNL Working Paper #502, Fevereiro).

MACEDO, Jorge Braga de (2010), Global crisis and national policy responses: together alone?, FEUNL Working Paper #546, Março http://fesrvsd.fe.unl.pt/WPFEUNL/WP2010/Wp546.pdf

OECD Review of Budgeting in Portugal, Paris, 2008.

ROGOFF, Kenneth e Julia Bertelsmann (2010), The Rationale for Fiscal Policy Councils: Theory and Evidence, conferencia sobre Instituições Orçamentais Independentes, Budapeste, http://www.mkkt.hu/download/000/127/Conference%20program.pdf

SACHS, Jeffrey e Andrew Warner (1995), Economic Convergence and Economic Policies, Brookings Papers on Economic Activity, 1-95, 108-118 (revisão de NBER Working Paper No. 5039

SILVA, Aníbal Cavaco, Para mais tarde recordar, Diário de Notícias, 23 de Janeiro de 2003

VON HAGEN, Jürgen (2010), The Scope and Limits of Fiscal Councils, conferencia sobre Instituições Orçamentais Independentes, Budapeste, http://www.mkkt.hu/download/000/127/Conference%20program.pdf

VON HAGEN, J. and Harden, I. (1995), Budget processes and commitment to fiscal discipline, European Economic Review 39, 771-779.

WYPLOSZ, Charles (2002), Fiscal policy: Rules or institutions?, Stabiliseringspolitik i valutaunionen, SOU:16, Fritzes, Stockholm, 291-328 baseado num relatório preparado em 2001 para a comissão sueca sobre política de estabilização na UEM.

WYPLOSZ, Charles (2008), Fiscal policy councils: Unlovable or just unloved? Swedish Economic Policy Review 15

Anexo

Manifesto do Contas à Vida sobre o Programa de Estabilidade e Crescimento para 2010-2013

Aproximando-se o primeiro aniversário do Programa da TVI24 Contas à Vida (CaV), pensou-se escolher o tema da sustentabilidade orçamental para manifestar a necessidade de um esclarecimento público acerca do abrandamento do endividamento público e privado – abreviado em PEC@CaV – ao longo da legislatura iniciada no Outono passado.

Este manifesto retoma posições referidas ao longo de muitas das 43 sessões do CaV, em especial depois da interrupção do Verão. Visa assim fazer-se eco do debate acerca da natureza da saída da crise que se está a verificar noutros países, designadamente nos Estados Unidos e no Reino Unido. Tendo em conta que a pertença á zona do euro nos últimos dez anos não eliminou o problema do financiamento externo e do risco-país, contrariamente às expectativas mais optimistas, trata-se de encontrar o ajustamento mais apropriado às características estruturais da economia portuguesa.

A esse respeito, a comparação com outras economias altamente endividadas, como a Grécia, é instrutiva no que toca à diferença quer nos juros das Obrigações do Tesouro quer na protecção específica quanto ao risco de bancarrota através dos seguros ditos CDS. Também é oportuno salientar, como o fez o Fundo Monetário Internacional no último relatório de seguimento da economia portuguesa, que a aproximação crescente das duas economias ibéricas torna a mais pequena vulnerável à grave recessão da maior, agravando ainda mais o risco de abafar o efeito doméstico de qualquer estímulo orçamental, sobretudo o que envolva grandes investimentos públicos.

Nessas circunstâncias, a prometida apresentação e discussão do PEC deve recolher e acolher a mais ampla participação, tanto na sua elaboração como na sua divulgação. Mais, o PEC deve projectar um espírito de cooperação entre o governo e os partidos da oposição que nele se queiram incorporar para que a viabilização do OE 2010 no Parlamento seja credível para cidadãos, contribuintes e investidores. Ora, há que reconhecer que aquela cooperação tem faltado, mesmo no que toca a comparações com os outros países vulneráveis da zona euro. Portugal tem situações de défice melhores do que a Grécia e de desemprego melhores do que a Espanha, mas ao negar um risco de contágio económico e financeiro incontornável arrisca--se a parecer complacente. Se nem a verificação da fiabilidade e da consistência intertemporal das variáveis relevantes nem a desagregação do emprego se revestem da gravidade aguda dos outros dois países, é certo que a surpresa do deficit anunciado para 2010 despoletou uma comparação perigosa: depois do agravamento sucessivo de 2,3% no OE 2009 para 4% no PEC 2008 e para 5,9% do Relatório de Orientação da Política Orçamental de Maio de 2009, entre o Orçamento rectificativo de 2009 e as negociações acerca do OE para 2010 com os partidos da oposição, o deficit passou de 8,3% para 9,3%!

A exposição clara, aberta e verdadeira das dificuldades e da fixação de objectivos deve esclarecer alterações metodológicas referentes á despesa devidas ao novo Sistema Europeu de Contas Nacionais (SEC95). Além da participação da UTAO reforçada com os necessários recursos humanos, importa avaliar e estimular contribuições privadas relevantes como o contributo do BPI para a discussão da sustentabilidade das contas públicas portuguesas, já na sua 3.ª versão, datada de 4 de Fevereiro. Tendo em conta uma série de ajustamentos à dívida pública usada para o Procedimento dos Défices Excessivos subjacente ao PEC, foi possível ao demonstrar que em vez de 77% do PIB em 2009, a dívida directa do Estado atinge 81% e quase a paridade se o Sector Empresarial do Estado, as Autarquias e as Regiões Autónomas forem consolidadas. Nesse caso, a dívida pública passa para 125% do PIB em 2013.

Para além destas instituições é muito importante que o acompanhamento da situação económica nacional colha os contributos dos órgãos próprios da União Europeia, designadamente do Conselho ECOFIN e do BCE. Neste quadro de acompanhamento multilateral pensamos que seria útil colher a experiência e a opinião do FMI cujo conhecimento da economia portuguesa é antigo e consistente.

É no fim da legislatura que se deve por termo á actual situação de défice excessivo, como o Conselho Europeu recomendou a Portugal em 30 de Novembro passado. Para tal o esforço orçamental médio de 1,25% do PIB no período 2011--2013 referido nessa data (que corresponde a um decréscimo de mais de 2,5 mil milhões de euros por ano, como se vê na linha 1b) já não é suficiente, sendo necessário passar do ajustamento de 1% anunciado para 2010 a 1,8% em cada um dos três anos seguintes (linha 2b). Refira-se ainda que, apesar de diminuir dos quase 3% em 2010, o efeito "bola de neve" resultante de um juro superior ao crescimento nominal se mantém à volta de 1% no resto da legislatura.

A estruturação do PEC impõe ainda uma escolha do foco da política económica no período em causa. Esse foco, esse ponto de convergência de diversos instrumentos, objectivos e

	2009	2010	2011	2012	2013	Soma Ajust°
1a. Def €b	15,3	13,9	11,3	8,5	5,6	
1b. Ajust° €b		-1,44	-2,63	-2,74	-2,95	-8,32
2a. Def % PIB	9,3%	8,3%	6,5%	4,8%	3,0%	
2b. Ajust° % PIB		-1,0%	-1,8%	-1,8%	-1,8%	-5,3%
3. juro menos crescimento	5,2%	2,7%	1,1%	1,0%	0,9%	

agentes de política económica deve ser a fixação de uma trajectória de redução sustentada do endividamento e, muito particularmente do endividamento externo e do défice orçamental. O crescimento económico e a redução do desemprego são objectivos que precisam de novos "drivers" da política económica designadamente a viragem de recursos para a produção de bens transaccionáveis; a redução sustentada dos custos de trabalho por unidade produzida e novos mercados de exportação.

Crescer e convergir é uma prioridade para os próximos anos. Mas tais objectivos só serão possíveis e realizáveis com redução sustentada do endividamento e com estabilização macroeconómica.

É isto que hoje manifestamos a cidadãos, contribuintes e investidores para que todos invistamos em Portugal.

23 de Fevereiro de 2010

O PEC – Questões Gerais (cont.)

Diogo Leite Campos[*]

Antes de mais quero prestar aqui uma homenagem e um agradecimento ao Professor Paz Ferreira por mais esta magnífica realização e cuja actividade pessoal e nos quadros do IDEFF tanto prestigia a nossa querida Faculdade de Direito de Lisboa. E lembrar aqui também com muito carinho, muita amizade e muita saudade, o nosso comum amigo e mestre Professor António Luciano Sousa Franco que tanto prestigiou como pessoa, como estadista e como professor a Faculdade de Direito de Lisboa.

Passo a abordar a matéria.

Que legitimidade tenho para falar do PEC? Devem-me conhecer mais por fiscalista, mas eu sou mais civilista do que fiscalista; do que gosto é do Direito Civil. Porque o Direito Civil é o Direito dos iguais, das pessoas que estão no mesmo plano, em que ninguém dá ordens ao outro, é o direito da convenção, do contrato, da solidariedade, da associação. Por outras palavras, é o direito da ética. Dizia Max Weber que *"os políticos defendem interesses, os universitários defendem a verdade"*. Eu diria que os universitários para não traírem a sua função têm de defender a ética sem

---

[*] Professor Catedrático da Faculdade de Direito da Universidade de Coimbra.

política ou com pouca política, mas que os políticos também para não traírem a sua função têm de defender a política com bastante ética, porque acredito que só é eficiente o que é justo e o que é justo é sempre eficiente. Portanto começo por ser civilista, com o apelo a que nós usemos de ética nas apreciações que fazemos sobre o trabalho dos outros. E usar de ética nas apreciações que fazemos sobre o trabalho dos outros significa criticar e apresentar modelos alternativos.

É muito fácil discordar do actual PEC, toda a gente discorda, e ninguém pode estar em desacordo com as discordâncias. Não estou de acordo com o PEC embora não tenha visto modelos alternativos. Para já, toda a gente parece estar de acordo em que temos de ter um plano de estabilidade, mas também temos de ter um plano de crescimento, e um plano de estabilidade que alcance resultados em três anos – possivelmente depois será aumentado o prazo, mas temos de alcançar resultados em três anos.

E já começo a aperceber-me das críticas de alguns: "*que pena nós estarmos na União Europeia, porque se nós não estivéssemos na União Europeia desvalorizávamos o escudo em 300%, baixávamos os salários dos trabalhadores em 400%, etc., e vivíamos felizes*". Ora bem, eu tenho a dizer-vos que se nós vivêssemos neste momento fora da União Europeia passaríamos muito pior do que estando dentro da União Europeia, mas não vou desenvolver este tema.

Falta-nos, efectivamente, um plano de crescimento, mas até agora não tenho visto ninguém a apresentar um projecto de crescimento. Os economistas acabam de me pedir, a mim civilista, um plano de crescimento. Que tenho defendido nesta matéria? Também sou crítico do PEC, mas tenho defendido o seguinte: é certo que o aumento de receitas fiscais vai incidir sobre todos, sem poupar sequer o primeiro e o segundo escalão do IRS.

O PEC foi apresentado como uma imposição do Governo, sem discussão e sem este ter revelado as alternativas possíveis.

Nomeadamente obre o IVA. O Governo aumentou há alguns anos a taxa do IVA em dois pontos, medida criticada por todos inclusive por mim. Mais tarde baixou em um ponto, medida criticada por quase todos mas aplaudida por mim. Ora bem: ou o Governo fez mal em subir a taxa do IVA, cometeu um erro e não quer repeti-lo. Ou se não é assim, deveria explicar por que não sobe agora a taxa do IVA. Eu seria contra mas gosto de transparência.

Outro aspecto para que é preciso chamar à atenção é o seguinte: porque têm crescido as receitas fiscais nos últimos anos? Pelo seguinte: porque havia uns milhares de milhões de euros em dívida executiva, dívida que estava nos Serviços de Finanças, pronta para ser executada, mas que o não era. Lembro-me que, aqui há uns seis ou sete anos, disse a um jornal e numa televisão que haveria 10 a 15 mil milhões de euros parados nas repartições das Finanças. Os economistas vieram logo dizer: "*não é possível haver parados nas repartições das Finanças 2% do PIB*". Afinal era possível. Hoje nós sabemos que havia, foram cobrados e sustentaram quase soizinhos o controlo do deficit.

Mas a dívida executiva parada extinguiu-se mais ou menos em 2008.

Mas hoje o problema põe-se quanto aos processos pendentes nos tribunais de primeira instância; temos nos tribunais de primeira instância qualquer coisa entre 43 mil e 50 mil processos parados e isso traduz-se talvez em 10 a 12 mil milhões de euros. O Estado perde cerca de 60% dos processos que tem em tribunal. Ora bem: se o Estado perdesse 60%, como de costume, desses processos, mas conseguisse levar os processos a cabo depressa, significaria que, num prazo de três anos receberia cerca de 5, 6,7 mil milhões de euros.

Acredito, porque tenho confiado na inteligência e na habilidade política daqueles que nos governam, que a introdução de uma autorização legislativa em matéria de arbitragem tributária seja precisamente para acelerar os processos que estão em tribunal. Mas não chega. Portanto, se o Governo quiser efectivamente dinamizar os tribunais, terá de ir para outros métodos alternativos de resolução dos conflitos para cobrança dessa dívida.

Depois, outro aspecto de que tenho falado, é em promover a poupança interna. A poupança interna tem sido um desastre nos últimos anos, parte da nossa dívida externa é dívida das nossas famílias. Temos de promover a poupança interna e nada foi feito nesse sentido; se for feito nesse podemos diminuir a nossa dívida externa e diminuir o serviço da dívida externa. O exemplo da penalização dos Certificados de Aforro é um exemplo daquilo que não se deve fazer.

Ora bem, dito isto, quais são as nossas perspectivas em 2013?

Quanto ao modelo de crescimento: já pensaram, os ilustres economistas, fiscalistas e civilistas presentes na sala, em estudar o modelo de crescimento de Singapura, de Taiwan? Julgo que não estamos vocacionados para ser só um país de grandes empresas. O que faz uma empresa logo que atinja alguma dimensão em Portugal? Instala-se no estrangeiro, passa a produzir onde há o consumo. Somos um país com vocação para quê? Para ser um país de PME's localmente centradas, sem prejuízo do apoio às exportações. É por isso que defendo: cada vez mais autonomia, mais força e mais apoio ao poder local.

Portanto, se pegarmos numa dinamização da economia local, a formação da poupança interna, na bolsa azul que o Estado tem através das questões paradas em tribunal, a nossa situação em 2013 não era tão má como poderá vir a ser.

Ora bem, a situação em 2013 e em 2014 é muito provável que seja muito pior ainda do que a de hoje, porque, para já, as pessoas com estes aumentos de impostos e cortes nos benefícios sociais, perderam a crença na justiça do Estado. A economia vai estar depauperada em virtude dos cortes dos rendimentos das famílias, vai diminuir o consumo, as empresas vão sofrer. Este PEC tentou poupar as empresas, mas não o conseguiu por duas razões: 26% de IRC é demais em termos de competitividade europeia para um país que está no extremo da Europa; depois as empresas dependem do consumo e o consumo vai ser extremamente afectado pela perda de confiança dos consumidores e pela diminuição de rendimentos destes. Para já não falar dos novos encargos a partir de 2013.

Mas o facto de estarmos todos aqui significa que temos confiança em estudar, aprender e raciocinar o suficiente para sairmos da crise. Ou seja, a nossa presença aqui é uma manifestação de confiança nas possibilidades que nós temos de sair da crise. O que ouvimos até aqui, foram quase só críticas, mas as próprias críticas são a afirmação de que as pessoas se dedicaram a estudar a crise.

Tenho a confiança, mais do que a esperança, de que nós vamos sair desta crise. Mas para isso temos de ser simultaneamente muito críticos, temos de ser extremamente críticos, mas ao mesmo tempo extremamente positivos, no sentido de, através do nosso trabalho e através das sugestões que façamos, contribuirmos todos para o crescimento do país.

De vez em quando escrevo para revistas estrangeiras e pedem-me palavras-chave no fim. Eu queria deixar aqui duas palavras-chave: a primeira é **ética**, a segunda é **confiança**.

Muito obrigado.

O PEC – Questões Gerais (Cont.)

Luís Silva Morais[*]

1. Muito bom dia a todos na abertura deste Segundo Painel da Conferência.[1] Permitam-me duas notas muito rápidas a iniciar a minha intervenção: a primeira para me congratular com esta iniciativa, pois, como o Professor Leite de Campos referia há pouco neste Painel, o próprio facto de discutirmos estas matérias em torno desta mesa e com a nossa audiência é em si mesmo positivo; a segunda nota para saudar o papel do Professor Eduardo

---

[*] Professor Associado da Faculdade de Direito da Universidade de Lisboa e Vice-Presidente do IDEFF.

[1] *O presente texto resulta de Comunicação verbal feita na Conferência do IDEFF sobre o PEC de Portugal, em Março de 2010 (cujos trabalhos ora se publicam). Intencionalmente foi aqui na sua totalidade mantido o registo coloquial dessa Intervenção, que melhor traduz o conteúdo dos trabalhos do PAINEL em que a mesma se inseriu bem como da discussão crítica desenvolvida na Conferência (não se procedendo, pois, propriamente a qualquer elaboração doutrinal ou reflexão analítica mais desenvolvida para além das considerações feitas na referida Intervenção, traduzindo uma reacção aos elementos então conhecidos sobre o PEC da República Portuguesa, em Março de 2010 e com os dados disponíveis no contexto então verificado). Não se procedeu, pois, também a introdução de referências, através de notas de rodapé, a enquadramentos normativos, doutrinais ou a precedentes em relação às matérias cobertas, salvo casos marcadamente excepcionais.*

Paz Ferreira neste dinamismo do IDEFF em que tenho o privilégio de participar. Agradeço também ao Professor Paz Ferreira o convite e a colocação nesta Painel que assegura à partida pelos restantes participantes – que não por mim – perspectivas interessantes sobre os problemas que aqui nos trazem e, porventura até, saudavelmente divergentes em vários pontos. Peço apenas licença para destacar entre os membros deste Painel – por razões de cruzamento pessoal recente – o Professor. Jorge Braga Macedo e o Professor Diogo Leite Campos, mas saudando por igual todos os participantes no Painel.

2. Entrando no Tema Central do Painel e procurando encurtar grandemente a minha exposição – como é solicitado pela Moderação – bem como, sobretudo, propondo-me cobrir alguns pontos que porventura não tenham sido tão explorados em intervenções anteriores, farei um '*desvio*' pela questão europeia e tentaria centrar, de algum modo, os problemas centrais discutidos trazendo à colação aspectos que têm a ver com o enquadramento actual do Plano de Estabilidade e Crescimento e o funcionamento da União Económica e Monetária. Na realidade, *não vale a pena discutirmos grandes modelos globais de desenvolvimento económico para Portugal se ignorarmos as condicionantes da nossa inserção actual na União Económica e Monetária e as consequências imediatas que daí decorrem.*

Ainda nesta abertura da minha intervenção e de acordo com o que será um aparente 'vício' dos juristas – grupo que com o Professor Leite de Campos represento neste Painel – pediria licença à audiência, sem os maçar excessivamente, para fazer duas brevíssimas citações, que prometo serão muito breves (as quais podem ajudar-nos a situar um pouco as questões nucleares que pretendo abordar e funcionar de certo modo como '*leit motif*' para a nossa discussão).

A primeira citação é retirada do cabeçalho de um artigo de publicação internacional especializada e prestigiada; a segunda é de um ilustre compatriota nosso. A primeira citação toma como ponto de partida o Título de um Artigo: *"Políticos em Lisboa e Atenas culpam os seus predecessores"*, no corpo do qual se refere depois que, de acordo com um *script* que parece familiar especialmente no sul da Europa, *"um partido chega ao poder, procede ao seu próprio exame das contas públicas e declara aos cidadãos e aos mercados que elas se encontram em situação muito pior do que alguma vez se imaginara"*.

A segunda citação – de um compatriota nosso ilustre – reza aproximadamente o seguinte (abreviando-a um pouco com alguma liberdade e a benefício da economia da nossa exposição): *"No meio de tudo isto, que fazer? Que esperar? Portugal tem atravessado crises igualmente más, mas nelas nunca nos faltaram nem homens de valor e carácter, nem dinheiro ou crédito. Hoje, crédito não temos, ou escasseia em boas condições, dinheiro também não, pelo menos o Estado não tem, e homens não os há ou os raros que há são postos na sombra pela política. De sorte que esta crise me parece a pior e sem cura."*

Ora, estas duas citações, contrariamente ao que se pudesse pensar, não são dos últimos dias ou sequer das últimas semanas neste primeiro trimestre de 2010. A primeira é uma citação do *"The Economist"* de Maio de 2005, a segunda é uma citação de um dos meus escritores de referência – mais concretamente, a citação de uma carta de Eça de Queiroz ao Conde de Arnoso em Agosto de 1891! E é curioso estabelecermos aqui nexos, para os mais esquecidos da nossa história recente (ou não tão recente assim; a escala da memória histórica é relativa), com uma situação de *default* – recordada pelo Dr. Vítor Bento no Painel anterior desta Conferência – que o Estado Português conheceu nesse período da última década do século XIX, em que Eça dirige tão agónicas palavras ao Conde de Arnoso.

3.1. *Estas breves citações são, creio, elucidativas e fornecem-nos simultaneamente motivos para estarmos animados e, por outro lado, desanimados e muito preocupados.*

Por um lado, e pondo em perspectiva as questões, **(i)** a verdade é que muitas vezes nos temos confrontado com *desequilíbrios fundamentais* que parecem, na expressão de Eça de Queiroz, "*sem cura*" e os temos ultrapassado de várias formas, embora é certo para cair ciclicamente em novos períodos de desequilíbrio, ou – se me permitem o estrangeirismo – em novos '*imbalances*' fundamentais da nossa economia. Por outro lado, **(ii)** e aqui chegamos ao ponto que me parece neste momento porventura mais grave – talvez mesmo mais grave do que a situação económica objectiva com que nos confrontamos – a aparente crise do nosso sistema político contamina a situação e as nossas perspectivas económicas e interage negativamente com estas (trata-se de aspecto porventura mais grave, porque do mesmo depende o próprio desenvolvimento de um roteiro consequente para sair do ciclo vicioso em que Portugal parece ter entrado depois da sua entrada no primeiro pelotão de fundadores da Zona Euro em 1999).

Neste segundo plano **(ii)**, convocado pelas nossas citações iniciais, está em causa uma profundíssima crise do sistema político que se propaga aos elementos básicos de decisão e de gestão das finanças públicas. E tal não envolve os méritos das sucessivas equipas responsáveis pelas finanças nacionais e pela condução da nossa política económica (por coincidência e razões circunstanciais de proximidade de percurso pessoal que não se justifica aqui aprofundar, nutro, de resto, admiração e estima pela equipa actual do Ministério das Finanças). Muito diversamente, o problema com que estamos confrontados é *sistémico*, independentemente das equipas políticas. Permito-me mesmo acrescentar que neste ponto, em relação às questões que estão aqui em causa, o 'grau zero' é, de alguma forma, alcançado quando os grandes saldos ou variáveis das Finanças Públicas, dos valores do défice orçamental e as suas sub-componentes, bem como os valores de dívida pública são *periodicamente postos em causa e globalmente revistos pelos novos governos ou blocos políticos maioritários que chegam ao poder,* como sucedeu pela primeira vez em governos constitucionais (no quadro da Constituição de 1976), em 2002/2003 e depois, sucessivamente, em 2005.

Do meu ponto de vista, tal aspecto é ainda mais negativo quando essa revisão pública – com tremendos e incalculáveis efeitos adversos em termos de credibilidade internacional e perante os mercados – é feita através de métodos atípicos em que sucessivamente dois governos solicitaram ao Banco de Portugal esse tipo de exercício de revisão. E, nesse plano, explorando aqui um ponto porventura de convergência com o Professor Braga de Macedo, talvez me permita avançar que a *ultrapassagem da actual situação e o ajustamento exigido pela nossa crise de endividamento, crise de finanças públicas e crise económica,* exige necessariamente que *se retire a fixação e identificação das grandes variáveis económicas do círculo de discussão e de controvérsia política e partidária.*

3.2. A *discussão política* deve conduzir a diferentes opções de *política económica.* Podemos e devemos discutir o modelo económico e diferentes opções de política económica, as diferentes opções sobre os instrumentos de intervenção do Estado na economia: o nível de receitas, o nível de despesas, que instrumentos utilizar para determinar essas variáveis e, no caso, da despesa a sua afectação. *Em contrapartida, e diversamente, os grandes dados económicos e financeiros que informam essas opções e essa discussão sobre política económica (e sobre políticas sociais subjacentes à mesma)* *têm de ser tecnicamente credíveis e não podem estar à mercê do próprio jogo político.*

Assim, pessoalmente admito, de acordo com uma perspectiva que de modo muito exploratório já aventei num Estudo de 2005 de homenagem ao Professor Sousa Franco[2] – a cuja figura quero aqui também associar-me e prestar a devida vénia – a possibilidade de, na sequência do que tem sido ponderado em alguns Estados-membros da União Europeia, se ensaiar a criação de novas estruturas institucionais independentes (ou com autonomia reforçada), de acompanhamento da execução orçamental, da validação dos resultados dessa execução e da previsão de variáveis macroeconómicas essenciais para a própria programação orçamental anual e, desejavelmente, plurianual. Penso aqui em organismos que actuem obviamente numa lógica diversa da fiscalização financeira externa *ex post* do Tribunal de Contas (com uma função e uma lógica institucional distintas). Penso também em organismos completamente distintos de meras unidades técnicas de apoio orçamental da Assembleia da República.

Note-se que a própria discussão ao longo do primeiro trimestre de 2010 sobre os pressupostos macroeconómicos em que assenta o projecto do PEC – a exemplo do que já sucedeu em situações anteriores – é *condicionada* (assistimos a isso quotidianamente) e é muitas vezes *distorcida* pela ausência de consensos ou até de confiança nas grandes previsões macroe-

---

[2] Cfr. a esse propósito, Luís D. S. Morais, *Portugal e os Défices Excessivos – O Pilar Económico da União Económica e Monetária e a Disciplina do Pacto de Estabilidade e Crescimento*, in *Estudos Jurídicos e Económicos em Homenagem ao Prof. Doutor António de Sousa Franco*, Vol. II, Coimbra Editora, 2006, pp. 815 ss., esp. pp. 843 ss.

conómicas que devem suportar as grandes opções desse instrumento do PEC. Tal conduz compreensivelmente a observações de vários especialistas – todos nós as temos escutado nos últimos dias, permitindo-me aqui por exemplo trazer à colação a esse propósito recentes comentários do Professor Augusto Mateus ou do Professor Daniel Beça, entre outros –, no sentido de que vai ser necessária uma grande dose de *sorte* para que o PEC seja viável com base no cenário macroeconómico traçado.

Isso sucede, designadamente porque as estimativas suportando o PEC apresentam grande risco em termos de crescimento do PIB em circunstâncias extremamente adversas e portanto há grandes factores de risco que pesam sobre o crescimento das próprias receitas públicas.

Ora, – se a observação me é aqui permitida – eu afirmaria que *a 'sorte' não deve entrar nesta equação ou pelo menos não deve entrar em termos essenciais neste tipo de ponderações*. Seria claramente desejável que um instrumento como o PEC pudesse ser preparado com base em estimativas macroeconómicas tão tecnicamente *consensualizadas* quanto possível. Todos nós sabemos que não existe pureza técnica nestas questões, que a margem de incerteza é muita – todos nós temos essa percepção. Contudo, independentemente disso, a posição pessoal que aqui quereria deixar expressa é a de que a construção de *cenários macroeconómicos* não deveria estar completamente sujeita ao *jogo de discussão política* (sem atribuir qualquer conotação negativa a esse tipo de embates no terreno *político* que são a base do funcionamento de qualquer sistema de governo democrático) e deveria existir outra base institucional independente para *credibilizar* ou consolidar, em termos técnicos, esses cenários macroeconómicos de discussão.

4.1. Num segundo domínio com o qual terminaria este meu breve '*desvio*' por outras matérias menos discutidas, seja-

-me permitida um sucinta nota *europeia* que queria introduzir nesta questão, porque se estão em causa opções de política nacional e problemas nacionais, é indiscutível que toda esta discussão e o próprio PEC se inserem no quadro da União Económica e Monetária em que funcionamos. O tempo restante para esta minha intervenção, de acordo com a moderação, é quase nulo, pelo que serei a este propósito 'telegráfico'.

O primeiro ponto a suscitar neste plano relaciona-se com a actual discussão na União Europeia quanto a novas estruturas de cooperação e supervisão económica para preservar o equilíbrio interno da Zona Euro, designadamente a propósito das propostas alemãs que têm conhecido, deve dizer-se, um percurso muito sinuoso nos últimos dias, com várias declarações do Ministro das Finanças alemão e que ora têm entreaberto a porta a um *'fundo monetário europeu'*, ora têm parecido fechar a porta em relação a essa iniciativa. Ora, esse possível *fundo monetário europeu de estabilização* ou mesmo instrumentos que fiquem aquém de um fundo monetário europeu,[3] mas sirvam essencialmente os mesmos objectivos, orientar-se-ia para a criação de vários elementos suplementares de 'pressão' – utilizo aqui, '*brevitatis causae*', a expressão em sentido muito lato – sobre os Estados da Zona Euro que *acumulem* défices e dívida.

Lamentavelmente, tal traduz uma visão em que a União Europeia só discute parte do problema, aquela que envolve evitar que os *países devedores* gastem excessivamente. Falta uma outra

---

[3] Esse tipo de instrumento veio efectivamente a ser criado – tardiamente – através de decisões adoptadas no Conselho Extraordinário de 9--10 de Maio de 2010, que criaram um Mecanismo Europeu de Estabilização Financeira com uma dotação global até 500 biliões de Euros. Múltiplas evoluções se deverão esperar a partir desta decisão em matéria de governo económico europeu (que não temos aqui espaço para abordar).

parte fundamental que envolve o enquadramento dos *países credores*. O Dr. Vítor Bento há pouco referiu justamente de passagem noutro Painel desta Conferência o 'problema alemão' (isto é, o problema da inserção da economia Alemã, como tradicional país *credor* e *exportador*, na Zona Euro). Pela minha parte, neste contexto e sobre este tipo de problemas permitir-me-ia aqui trazer à colação Keynes, quando este sustentava em 1941 que não se deveria permitir que os países credores ficassem em posição *passiva*.

Deveriam ser desenvolvidos mecanismos ou instrumentos para *'pressionar'* – a expressão vai aqui utilizada com grande liberdade – os Estados *credores* e com excedentes (mais uma vez incorremos em considerável simplificação linguística por razões de brevidade) *a consumir mais*. Esse elemento de compensação teria um papel importante – embora não exclusivo, estando em causa outros factores que não temos aqui tempo para equacionar – para permitir que os ajustamentos nos países deficitários do sul da Europa não se traduzissem em recessões ou até potencialmente em depressões que possam distorcer de uma forma durável a Zona Euro (pondo a prazo em causa a sua própria sustentabilidade).

4.2. Uma vez feita essa observação, importa acrescentar desde logo que há importantes obstáculos nesse caminho: Obstáculos *políticos* e obstáculos *jurídicos*.

Sem entrar em pormenores excessivamente técnicos – e atendendo também às nossas limitações de tempo no Painel – em termos jurídicos a Alemanha está vinculada por decisões de 1993 e de 2009 do Tribunal Constitucional Alemão sobre o Tratado de Maastricht e sobre o Tratado de Lisboa. Decisões que enfatizam a importância da estabilidade consagrada – permitam-me o anglicismo – na denominada *'no bail-out clause'* do artigo 125.º do Tratado Relativo ao Funcionamento da União

Europeia (TFUE). Por outro lado, a decisão de 2009 do Tribunal Constitucional Alemão sobre o Tratado de Lisboa trouxe ainda mais limitações para um efectivo *governo económico* da Zona Euro, porque o Tribunal Constitucional alemão deixou muito claro que a *política macroeconómica* deve – na sua perspectiva – permanecer uma competência dos Estados. Deste modo, e em síntese, existem fortes limitações jurídicas (*maxime*, na perspectiva germânica) para prosseguir activamente uma via do *governo económico europeu* e está, do meu ponto de vista, completamente fechada neste momento – por ser em absoluto irrealista em termos políticos e institucionais – uma via de renegociação dos tratados depois de todas as vicissitudes verificadas ao longo de vários anos em relação ao Tratado Constitucional e ao Tratado de Lisboa.

4.3. *O que se pode, então, fazer?* Pessoalmente, e não obstante os elementos de impasse existentes no plano europeu, admito que no actual enquadramento da UE emergente do Tratado de Lisboa os chamados '*internal imbalances*' da Zona Euro podem, apesar de tudo, ser atacados. A Espanha, a Grécia, Portugal sofreram perdas de competitividade muito significativas face à Alemanha que deveriam ser parcialmente revertidas o que não será, apesar de tudo, impossível no quadro de uma *coordenação reforçada de políticas económicas*, designadamente ao nível do Euro grupo, e com uma participação mais intensa das próprias lideranças dos Chefes de Estado e de Governo ao nível dos trabalhos do Euro grupo. Desse ponto de vista, parece-me também que Portugal deve ter aqui uma posição *proactiva*; Portugal deve ganhar credibilidade com um ajustamento, certamente complexo e envolvendo reequilíbrios muito difíceis da situação das suas Finanças Públicas – com as dificuldades não só económicas, mas políticas e sociais que tal comportará – mas deverá também ter um papel *proactivo* na defesa, no quadro da União Europeia e junto de outros Estados, de *mecanismos de cooperação* em termos de políticas económicas – *cooperação reforçada* que possa contribuir – juntamente com outros factores – para corrigir a situação relativa à Alemanha e, assim, corrigir um desequilíbrio fundamental ao nível da Zona Euro. Apesar de regras limitativas, como a do artigo 125.º do TFUE, o Tratado permite em sede de direito derivado algum espaço de construção jurídica que, se conjugado com a necessária vontade e convergência política das lideranças dos Estados-Membros e das Instituições da UE, fornecerá uma base para o reforço em '*pequenos passos*' do pilar económico da UEM.

Importará, contudo, que esses '*pequenos passos*' em direcção ao *governo económico europeu* e explorando todas as virtualidades apesar de tudo consentidas pelo TFUE em vigor – dentro da óptica *funcionalista* dos Pais Fundadores da integração europeia – não tenham um sentido unívoco. Isto é, esses passos não devem limitar-se à criação de um fundo europeu de estabilização – passível de apoiar os Estados da Zona Euro sem capacidade de se financiarem duradouramente e em condições aceitáveis nos mercados de dívida pública – e à previsão de regimes de sanções para os *Estados devedores* que falhem metas de correcção da sua situação de finanças públicas. Desse caminho fará parte também a introdução de elementos de verdadeira coordenação europeia – num sentido materialmente exigente – das políticas económicas dos Estados-Membros, incluindo os denominados *Estados credores*, dentro dos limites consentidos pelas respectivas constituições económicas. Inegavelmente, tal implicará alguma criatividade e difíceis equilíbrios jurídicos, mas a integração europeia – nos seus melhores momentos – é feita dessa criatividade e desses equilíbrios (os quais representam hoje a condição da sua própria sobrevivência).

O PEC como Plano de Austeridade

João Rodrigues[*]

Gostaria, em primeiro lugar, de agradecer aos organizadores deste colóquio, em especial ao Professor Eduardo Paz Ferreira que me endereçou o convite. Este colóquio é muito oportuno. Há uma discussão pública em curso sobre o Programa de Estabilidade e Crescimento e a academia tem de participar nela.

Em Portugal corremos o risco, não tanto neste contexto de discussão aberta e plural, mas na discussão política em geral, muito mais condicionada, de estarmos a discutir o Programa de Estabilidade e Crescimento sem escrutinarmos criticamente o enquadramento europeu que o gerou. Vou tentar nesta intervenção fugir a este conveniente hábito de pensamento, típico da sabedoria convencional.

De facto, julgo que não é possível compreender o PEC, enquanto plano de austeridade, porque se trata de um plano de austeridade e bem assimétrico – como aliás acho que ficou patente nos argumentos que foram avançados no primeiro painel –, sem compreendermos a natureza do processo de integração económica em que estamos envolvidos desde há mais de duas décadas.

---

[*] Economista, investigador do Centro de Estudos Sociais.

Uma pergunta, que foi colocada por Jean Monnet logo em 1955, identifica o problema que persegue a União Europeia e que persegue Portugal na União Europeia: "Será possível termos um mercado comum sem políticas sociais, monetárias e macroeconómicas federais?".

Actualmente, temos um mercado comum, um arranjo político que está precisamente construído para favorecer, de forma inspirada na doutrina ordoliberal alemã, a construção política e legal da concorrência mercantil sem entraves à escala europeia. Foi neste processo de liberalização e de abertura às forças de mercado, acelerado na década de oitenta, que Portugal alegre e acriticamente participou. As elites económicas e políticas nacionais viveram durante muito tempo uma espécie de romance europeu, aceitando todas as tendências do liberalismo económico europeu. Os críticos eram automaticamente rotulados de anti-europeus.

A minha perspectiva é crítica, mas europeísta e acho que esta é uma linha que está hoje muito mais presente no debate público dados os disfuncionamentos óbvios da UE realmente existente e que têm a sua origem neste processo de integração assimétrica. Este processo de integração conduziu a uma liberalização comercial e financeira, a uma integração monetária com a criação de instituições independentes do poder político, como é precisamente o caso do BCE, sem ter sido acompanhado por igual esforço construtivista no campo fiscal, orçamental e social. Considerou-se que as políticas económicas e sociais deveriam ficar na mão dos Estados constrangidos pelos mercados financeiros liberalizados e por um sistema desadequado de regras que deu origem a este PEC. Aliás, não é por acaso que no actual contexto quase só se discute a "credibilidade" do PEC perante os mercados financeiros.

É este jogo, com estas regras, que interessa avaliar. Este jogo resulta de termos avançado para a integração monetária sem integração dos instrumentos de política económica. Isto provou ser extremamente disfuncional desde que temos o euro: basta assinalar a medíocre performance macroeconómica europeia, de Portugal à Alemanha, e o aumento generalizado das desigualdades socioeconómicas e regionais.

De facto, a Alemanha, apontada por muitos como o modelo a copiar devido à sua vocação exportadora e aos seus consequentes excedentes comerciais, teve uma evolução económica muito medíocre, com reduzidos incrementos de produtividade acompanhados de um incremento dos níveis de pobreza e das desigualdades. Na Alemanha procedeu-se durante vários anos a uma brutal contenção do crescimento dos salários. Este é o modelo que o PEC tenta replicar. Sabemos que esta brutal contracção dos salários pode servir as exportações, mas este modelo, como bem assinalaram vários observadores, não pode ser copiado por todos os países porque o que uns exportam outros têm de importar.

Este é o problema da lógica irracional que resulta do somatório dos PEC's europeus: quando todos os países procuram alcançar uma saída pelas exportações através da contracção dos mercados nacionais, impondo para isso uma austeridade salarial, tarefa política facilitada pelo crescente desemprego, gera-se um défice permanente de procura que prejudica a economia europeia.

Acho que há aqui uma miopia colectiva que é favorecida pelas estruturas que foram criadas por um processo de integração neoliberal que, neste momento, parece trancado legal e institucionalmente. A via mais óbvia para sair desta crise – alterar as regras que estão estabelecidas por forma a criar um governo económico dotado de um orçamento europeu com peso no PIB e que seja capaz de fazer as transferências para ajudar as regiões e países em dificuldades – está vedada.

Como está vedada qualquer modificação na orientação do Banco Central Europeu, o banco central mais independente à escala mundial, com estatutos que fazem com que esteja vocacionado para a manutenção da estabilidade dos preços a todo o custo, nem que para isso seja necessário sacrificar o emprego e o crescimento. Um BCE que pode ajudar os bancos, mas que deixa os Estados, cujos défices aumentaram para evitar a repetição de uma grande depressão, à mercê dos humores dos especuladores.

Aqui chegado, e baseando-me inteiramente num excelente relatório sobre a crise da Zona Euro[1], acho útil apontar três cenários, mesmo sabendo que, ao contrário do que a maior parte dos economistas querem fazer parecer, a incerteza radical é um dado da vida económica; a incerteza radical pode ser aumentada por certos arranjos institucionais, mas ela é um dado inescapável. Porém, podemos construir cenários genéricos, que nos dão a certeza de termos alguma capacidade de escolha e de manobra. Há três cenários fundamentais para a Zona Euro e para a economia portuguesa na Zona Euro, uma economia particularmente dependente e desigual.

O primeiro cenário é o cenário do chamado "euro bom". Neste cenário superaríamos o grande paradoxo europeu das últimas décadas: a social-democracia trabalhou para a destruição das condições institucionais – pleno emprego com direitos, sindicatos fortes, propriedade pública de sectores estratégicos ou controlo dos fluxos económicos – que tinham garantido a sua hegemonia e que favoreciam todos os imaginários socialistas. Creio que esta opção se deve, em simultâneo, a um processo de colonização ideológica e a um erro de cálculo. O

---

[1] Ver http://www.researchonmoneyandfinance.org/.

erro foi pensar que a moeda única e o mercado interno europeu, como que por uma mão invisível, criariam a vontade política para voos progressistas de criação de um Estado federal onde as políticas social-democratas poderiam ser reinventadas. Não criam e parece que não criarão. O processo de colonização ideológica, talvez favorecido pelo erro, está bem patente numa formulação neoliberal alemã a que muitos aderiram: a economia social de mercado, ou seja, a ideia de que as políticas públicas, crescentemente conduzidas por organismos emancipados do controlo democrático e apenas temperadas por políticas sociais de remendo, devem estar orientadas para a promoção da concorrência mercantil ou para a sua imitação.

No cenário do "euro bom" teríamos então uma reforma profunda da arquitectura do governo económico europeu com a criação de impostos europeus, por exemplo sobre as transacções financeiras, uniformização da tributação sobre o capital, criação de dívida pública europeia e de um orçamento europeu capaz de servir como mecanismo de estabilização e de redistribuição. No cenário do "euro bom", os estatutos do BCE seriam modificados, colocando-se o crescimento e a criação de emprego a par da estabilidade de preços nas suas prioridades e criando-se regras para que o BCE possa ajudar financeiramente os Estados com dificuldades nas suas finanças públicas. Neste contexto, deixaríamos de ter os salários e as condições de trabalho como única variável de ajustamento em tempos de crise.

Curiosamente, em Portugal muitos economistas falam como se tivesse ocorrido uma espécie de regabofe salarial, como se os nossos problemas se devessem a uma extraordinária generosidade e irresponsabilidade em matéria salarial. Isto quando se sabe que o crescimento dos salários reais em Portugal evoluiu de acordo com a produtividade, como deve ser, embora as desigualdades salariais tenham aumentado. O problema aqui não é português; o problema dos desequilíbrios na Zona Euro é um problema que é sobretudo dos credores, daqueles que apostaram no modelo de estagnação salarial, em que os salários reais não acompanharam a evolução da produtividade e que contribuíram para a contracção do mercado interno europeu. Isto não é fazer um discurso anti-alemão, mas fazer um discurso crítico das opções das elites alemãs no quadro da Zona Euro.

Esta saída por cima, o "euro bom", está hoje vedada. Na ausência de reformas de fundo na arquitectura do governo económico europeu, um cenário pode tornar-se inevitável: reestruturar as dívidas e impor parte do custo do ajustamento sobre os credores, abandonar o euro e desvalorizar as respectivas moedas e iniciar um processo de reformas que passe pela inevitável nacionalização do sistema financeiro ou pela criação de uma verdadeira política industrial. Esta é uma saída por baixo que teria custos enormes, mas que pode ser uma opção apetecível perante os custos insuportáveis do último cenário: a austeridade assimétrica permanente inscrita no PEC e mais uma década perdida de crescimento.

O que fazer neste contexto? Bom, eu acho que teremos de entrar numa discussão mais fina, para a qual estas breves notas não podem contribuir, sobre as alterações que deveriam ser feitas na Zona Euro e que exigiriam uma contestação social e uma mobilização política muito superior às existentes. Na sua ausência, resta-nos expor, à guisa de conclusão, o segredo mal escondido do PEC: o objectivo dos cortes nas despesas sociais, em especial a amputação do subsídio de desemprego, é assegurar uma contracção do poder de compra dos salários. Este cenário torna claro quem paga os custos de uma Zona Euro disfuncional: os assalariados.

Quem é europeísta e preferiria uma saída por cima, com reformas e aprofundamento progressistas da integração europeia, como é o caso do autor destas linhas, só pode temer que a cristalização ideológica de uma parte importante das elites europeias, do centro e das periferias, possa conduzir a auto-destruição da UE.

A Despesa Pública no PEC

Oradores:

Fernando Ribeiro Mendes
Ricardo Paes Mamede
Miguel Moura e Silva
Pinto de Almeida

A Despesa Pública no PEC

Fernando Ribeiro Mendes[*]

As observações que me propus apresentar são breves, e não têm a pretensão de apresentar uma visão geral das orientações e do enquadramento que o PEC traz à despesa pública. Concentrei-me no que conheço melhor, a parte da despesa social, avançando algumas reflexões avulsas, que podem ter interesse para o debate que se pretende alimentar com esta iniciativa, cuja oportunidade saúdo vivamente.

A minha primeira observação parte da seguinte pergunta: até que ponto o controlo das despesas públicas associadas ao envelhecimento demográfico está evoluindo na direcção certa? A leitura do PEC é relativamente inquietante ou, pelo menos, desconfortável a este respeito, porque as principais componentes da despesa pública com a relação mais forte com o envelhecimento da população são, naturalmente, as despesas sociais, em especial, as despesas relativas a pensões de reforma, saúde e cuidados continuados. Os sinais evidenciados no PEC são algo inquietantes, levando a supor que não estávamos na boa trajectória antes da crise.

---

[*] Professor Auxiliar do Instituto Superior de Economia e Gestão da Universidade Técnica de Lisboa.

Que sinais são estes, que podemos retirar do PEC? Desde logo, os que resultam da revisão de pressupostos relativamente ao relatório do Orçamento de Estado para 2010, na parte de análise da sustentabilidade das finanças públicas. É feita uma revisão das projecções das pensões da Segurança Social – não incluindo, portanto, as pensões da Caixa Geral de Aposentações. E isto é, a meu ver, preocupante, porque se apontava antes para as pensões da Segurança Social se situarem na casa dos 7,8% do PIB e agora aparece-nos, no PEC, a projecção de 11,5%, em 2050. Porquê esta alteração? Com certeza resulta de novos pressupostos das projecções, onde a variável crítica terá sido o desemprego. Mas o relatório do orçamento para 2010 já dizia ter sido revisto profundamente o cenário de desemprego em todo o período de projecção. Pelos vistos, era insuficiente, mesmo assim. À medida que o tempo passa, poderá haver mais derrapagem nos custos antecipados com as pensões, pois estamos a falar de todo um longo período de 40 anos, em que poderemos ser surpreendidos por novas recessões, fazendo baixar ainda mais as expectativas de desempenho da economia.

Por outro lado, as receitas "mortas" do sistema, ou seja, o acumulado no fundo de reserva da Segurança Social, que em 2050 ainda tinha uma existência interessante na projecção do OE, situada nos 5% em 2050, e no PEC já está a zero. Quer dizer, já estará então consumido aquilo que, há três ou quatro meses, quando foi apresentado o OE para 2010, daria para financiar prestações por mais algum tempo ainda. São mais sinais, com explicação nas alterações metodológicas das projecções (aliás, não explicadas tão pouco no PEC), mas sinais inquietantes que levam a pensar não ter sido atingido o nível de controlo da despesa pública desejável, na parte associada ao envelhecimento da população. E, como sabem, isso é crítico: foi o que nos colocou no grupo de alto risco dos países da Europa em termos de sustentabilidade das finanças públicas; e foi o maior controlo projectado que nos passou para o grupo de médio risco, com as reformas de 2007.

Segunda nota: continuamos a carecer, no duplo plano dos aspectos estruturais e, também, da resposta conjuntural do PEC, de uma abordagem sistémica em matéria de políticas sociais, na óptica da consolidação das finanças públicas. Quero dizer que as reformas, sobretudo no caso da Segurança Social, por terem sido paramétricas, mantiveram as relações estruturantes da actividade, do emprego, da reforma e do desemprego no mesmo formato anterior, apenas recalibrando tais relações, adaptando-as a uma evolução menos propícia ao sistema e à sua sustentabilidade. Perguntar-se-á: mas não chega fazer apenas essa abordagem paramétrica? Eu diria que não.

Explicando melhor: atente-se no episódio recente envolvendo os médicos de centros de saúde em várias regiões do país (e o movimento parece ser geral). Com os ajustamentos paramétricos ao regime da Caixa Geral de Aposentações, acelerando a sua convergência com o regime geral da Segurança Social, deu-se a corrida às reformas por parte dos profissionais com condições de se aposentarem, embora sujeitos a penalizações reduzindo a prestação. De um momento para o outro, uma população com uma taxa reconhecidamente insuficiente de cobertura pelos médicos de família vai ficar pior.

Porquê? Porque não houve abordagem sistémica, na minha opinião, e portanto fez-se um ajustamento para reduzir a despesa no curto prazo, que tem um efeito sistémico, porque as pessoas têm comportamentos determinados por várias razões económicas, culturais, etc. e, por isso, traduzem os sinais dados pela reforma paramétrica em condutas mais adaptados à sua conveniência particular, como está sucedendo com os médicos do SNS. Sem abordagem sistémica, antecipando os efeitos das medidas em todas as partes do sistema social, não levando em conta que ao mexer nos sistemas de protecção social, há impactos nos comportamentos dos actores e se desencadeiam certos fenómenos sociais com efeitos complicados, podendo obrigar a que aquilo que fora apresentado num dia, como projecção oficial no OE ou no PEC, seja revisto no dia seguinte, obrigando a medidas como a contratação de pessoas já reformadas, como parece ser a solução adoptada pelo Governo no caso vertente, aumentando os custos de pessoal no SNS.

Uma terceira observação sobre a despesa social no PEC é a seguinte: nós estamos a viver um dilema entre garantir uma protecção universal, baseada numa ideia de cidadania social, e a necessidade ética de focalizar em grupos específicos de risco certas medidas de diferenciação positiva. Nenhum sistema de protecção social pode deixar de ter estas duas componentes, mas a respectiva calibragem é extremamente difícil de fazer em contextos socioeconómicos desfavoráveis e, também aqui, há sinais inquietantes. Por um lado, a mensagem do PEC parece indicar muito claramente para continuar a reduzir a generosidade das prestações universais. Isso é feito, no caso das pensões da Caixa Geral de Aposentações, como referi antes, acelerando a convergência com o regime geral da segurança social, diminuindo a generosidade da promessa feita aos funcionários públicos, digamos assim.

E ao que se passa com o subsídio de desemprego? O nosso subsídio de desemprego tem sido muito generoso também, no que diz respeito à recusa de novo emprego. Os motivos aceitáveis para recusar ofertas de emprego mediadas pelos centros de emprego até agora têm dado uma certa latitude ao beneficiário para continuar desempregado até que lhe apareça algo mais próximo do emprego perdido, na origem da situação de desemprego. Também aqui se perspectiva uma redução significativa, ao mesmo tempo que se limita mais o próprio montante da prestação, ficando as pessoas em situação de desemprego confrontadas com a necessidade de aceitar empregos menos bem remunerados e não terem como fugir a isso. Mais um sinal da redução da generosidade dos benefícios universais, desta feita para a população em actividade.

Até agora, as políticas de reforma dos sistemas de Segurança Social, entre nós como no resto da Europa, foram diminuindo a generosidade dos benefícios universais – as pensões de base contributiva, os subsídios de desemprego, etc. – compensando, de certa maneira, essa redução através de introdução de novas medidas, de natureza puramente redistributiva, focalizadas em grupos de risco especialmente importantes. Isso deu, no plano da justiça social, uma certa legitimidade às medidas mais duras. Ora, no PEC são introduzidos tectos orçamentais para a despesa agregada com as prestações não contributivas – rendimento social de inserção e todos os outros benefícios não contributivos, ao mesmo tempo que se aponta para rever as condições de recursos dos beneficiários elegíveis, ou seja, os níveis exigidos de rendimento familiar para aceder a tais prestações. Mais uma perspectiva geradora de alguma inquietação.

No que diz respeito a saúde e cuidados continuados, o PEC parece apostar quase tudo no controlo por via tecnológica da despesa, designadamente no que diz respeito à política do medicamento e aos meios complementares de diagnóstico e de tratamento. Sabemos bem como estas despesas são vultosas e mal controladas e, portanto, percebe-se a preocupação. Mas não é muito claro para o observador até que ponto a derrapagem de há um ano para cá na despesa de saúde, desfazendo o que se tinha alcançado em 2006/2007 de uma forma bastante conseguida, será alcançável por facturação electrónica e outros progressos tecnológicos previstos.

Como é bem conhecido, também o investimento em novos hospitais, que tem sido crescente na última década, está principalmente baseado nas parcerias público-privadas. As preocupações com os custos das PPP não se confinam, pois, às auto-estradas e afloram igualmente nas discussões relativas às políticas de saúde. É louvável que o PEC avance com o objectivo de criar diria um centro de monitorização e racionalização, a partir do Ministério das Finanças, para todas as PPP, incluindo evidentemente as da saúde, o que poderá ajudar ao controlo das despesas de investimento na saúde, se ainda for a tempo.

Para concluir, direi ainda o seguinte: a boa execução do PEC exige duas condições políticas que parecem problemáticas, nesta altura.

A primeira é existir uma maioria parlamentar que viabilize estas medidas previstas. Por exemplo, a questão dos tectos de despesa social, as condições de recursos e as condições gerais de atribuição de prestações não contributivas mais dificultadas, ou a revisão do subsídio de desemprego, sem o Governo dispor de uma maioria absoluta no Parlamento são mais difíceis de concretizar. As oposições quererão partilhar o custo político e social destas medidas? É grande a dúvida sobre a viabilidade integral do PEC, no plano político.

O segundo aspecto, para concluir, é que a única hipótese de o PEC ser bem executado ou passaria por uma "tomada de poder" pelo Ministério das Finanças a todos os níveis da governação e da administração. É uma discussão recorrente: perante a iminência de certas medidas é logo agitado o espectro da "ditadura" do Ministério das Finanças. Neste caso, ainda não se ouviu falar disso, talvez devido à fragilidade parlamentar do actual Governo. Mas, só com um controlo muito grande por parte do Ministério das Finanças e uma supervisão mais atenta do Ministério das Finanças sobre os ministérios sectoriais é que o PEC pode ter sucesso. Na verdade, os ministérios sectoriais estão reduzidos para já a apagar fogos, como no caso da Educação e da Saúde, e os restantes parecem desaparecidos em combate. Talvez por agora o terreno esteja facilitado para o Ministério das Finanças. Mas até quando?

São estas as preocupações que, a partir de uma leitura despretensiosa e não sistemática do PEC se levantam a quem tem estudado e analisado as políticas sociais, na vertente da despesa social pública.

Muito obrigado pela atenção.

A Despesa Pública no PEC

Ricardo Paes Mamede[*]

Muito obrigado à organização, e em especial ao Professor Paz Ferreira, que teve a amabilidade de me dirigir o convite para participar nesta iniciativa.

Já se falou muito sobre o lado da despesa no PEC e eu queria tanto quanto possível evitar repetir alguns assuntos que já foram aqui referidos na parte da manhã e concentrar-me em temas mais específicos. Não posso, no entanto, deixar de referir dois ou três aspectos de carácter geral.

Começaria por referir algo que esteve presente na intervenção anterior, que consiste num sentimento de alguma descrença quanto à intenção de verdadeiramente cumprir este PEC. A minha posição, para ser sincero, é que ainda bem que assim é. Considero este PEC um documento de programação de médio prazo que é produzido em circunstâncias de enorme pressão – creio que a palavra mais justa, mais adequada, é de enorme chantagem – por parte das instituições de *rating* internacional. Portanto, é um PEC que é feito não para promover um quadro estável, fiável, adequado, sobre como proceder à

---

[*] Professor Auxiliar do Departamento de Economia Política do ISCTE.

consolidação das contas públicas no contexto específico em que nos encontramos, mas é essencialmente um documento que visa (usando uma expressão muito em voga actualmente) acalmar os mercados. Receio que um conjunto de opções que tenham sido feitas na redacção do documento para acalmar os mercados não correspondam à melhor forma de abordar a necessidade de consolidação orçamental.

Outra questão é saber até que ponto o PEC consegue dar resposta a alguns dos problemas mais graves que enfrenta o desenvolvimento económico e social em Portugal. Já foi aqui bastante discutida a opção de consolidar as contas públicas através de fortes restrições às despesas sociais. Estamos no país mais desigual da Europa e onde o risco de pobreza é mais elevado − isto foi bastante debatido esta manhã pela Dra. Manuela Silva e eu não vou insistir mais nesse ponto. Mas mesmo quando analisamos o PEC numa perspectiva de mera consolidação orçamental − não olhando para as consequências sociais − temos de perceber que não há consolidação orçamental sem crescimento económico. Esta ideia tem sido posta sistematicamente da forma contrária, ou seja: não há crescimento económico sem consolidação orçamental. É verdade que um quadro de contas públicas completamente desregradas é desfavorável ao crescimento económico de longo prazo, mas não podemos deixar de perceber que estamos perante um processo de causalidade cumulativa e que não é possível nem diminuir as despesas nem aumentar as receitas fiscais sem crescimento económico.

Aquilo que eu questiono é: em que medida este PEC consegue o equilíbrio necessário entre uma contenção, um certo nível de austeridade, mas não levando essa austeridade a um ponto que mina todas as possibilidades de crescimento económico, seja no curto prazo, seja num horizonte mais alargado. Em termos de curto prazo a questão foi colocada de uma forma muito detalhada por João Rodrigues esta manhã. A ideia central é a de que a Europa está a sair de uma crise económica onde os investidores privados continuam a ter muito poucos incentivos para investir. E, neste momento, já não é por uma questão de restrições de acesso ao crédito, é essencialmente por falta de perspectivas de procura, da inexistência de encomendas. Quando os privados estão nesta posição, diz-nos qualquer manual básico de teoria económica que o Estado tem um papel a desempenhar. Há aqui um receio muito grande – e não sou apenas eu quem o diz, são vários economistas reputados a nível internacional – que podemos estar a fazer uma retirada da intervenção pública de combate à crise cedo de mais. Obviamente que o resultado de uma poupança generalizada a todos os países da Europa leva à diminuição da procura agregada no conjunto da União e, portanto, as perspectivas de crescimento vão diminuir. Isso terá consequências que são necessariamente negativas, quer do lado da receita, quer do lado da despesa pública.

Há também a questão do investimento público, que também já foi aqui falada. Com este PEC vamos atingir, ou atingiríamos se ele fosse integralmente cumprido, os níveis históricos mais baixos de investimento público em Portugal. Isso, obviamente, é preocupante, não apenas do ponto de vista do estímulo à procura agregada no curto prazo, mas também do ponto de vista do potencial de crescimento económico. Ao contrário do que é voz corrente, os estudos acerca da relação entre investimento público e o crescimento económico em Portugal continuam a apontar para um contributo positivo, e não no sentido de que o investimento público é prejudicial ao crescimento. Devíamos reter estas ideias quando estamos a discutir estas questões.

Estes assuntos foram já tratados e eu queria centrar-me essencialmente num outro domínio um pouco mais específico e que é pouco falado no âmbito do PEC, a saber: qual é o contributo que o Estado português pode dar para aumentar o potencial de desenvolvimento económico do nosso país? Seria interessante enquadrarmos isto num debate mais geral acerca deste tópico: qual é o papel do Estado no desenvolvimento económico? Este debate esteve adormecido durante vários anos, e foi recuperado nos últimos anos por força das circunstâncias. Isto é, desde os anos 80 o debate público sobre o tema foi dominado por aquilo que podemos chamar de narrativa do mercado livre. A narrativa do mercado livre diz-nos que o Estado deve diminuir ao máximo a sua presença na economia e que ao fazê-lo estará a contribuir para qualquer um dos principais objectivos da política económica, a saber: o crescimento económico, a estabilidade macroeconómica, o pleno emprego e a equidade social. Rezava a narrativa do mercado livre que se o Estado diminuísse a carga regulatória sobre a actividade privada, a carga fiscal, a intervenção directa nas empresas, isto iria melhorar a afectação dos recursos, iria conduzir à redução do desemprego, iria permitir alinhar os salários com a produtividade de cada trabalhador e, dessa forma, melhorar a equidade social; que uma focagem na estabilidade de preços como objectivo primordial – e no caso da Europa verdadeiramente único – da política monetária, estaria a contribuir para a atenuação dos ciclos económicos e para a criação de um quadro de estabilidade que iria favorecer o investimento privado a longo prazo.

Portanto a receita era clara: menos Estado significaria mais emprego, mais equidade social, mais crescimento económico sustentado. Esta foi a narrativa que dominou desde os anos 80 o debate público. Quando chegámos a meados da primeira década do milénio, a questão do sucesso deste modelo económico teve de ser analisada com muito cuidado. Viu-se então que grande parte do mundo aderiu ao movimento de liberalização, de desregulamentação, de privatização, na focagem das políticas macroeconómicas na estabilidade de preços e um dos resultados mais óbvios foi o acentuar das desigualdades sociais. Não há nenhum estudo que nos demonstre que os países que levaram mais longe a desregulamentação dos seus mercados de trabalho reduziram mais o desemprego; ou, a propósito do PEC, que os países que têm levado mais longe uma política de redução e contenção de auxílio aos desempregados tenham conseguido produzir menores taxas de desemprego. Pelo contrário, tem-se verificado que a maior desregulamentação dos mercados de trabalho surge recorrentemente associada a uma degradação das condições de trabalho, horários, salários e contratos. Nenhum estudo comparativo nos conseguiu demonstrar que os países que levaram mais longe a liberalização dos fluxos económicos com o exterior tenham crescido mais que os outros; pelo contrário, vemos – e isto já foi discutido esta manhã – que alguns dos casos mais bem sucedidos nos últimos anos em termos de crescimento económico foram precisamente países que mantiveram sob a alçada do Estado um grande controlo de vastas áreas da actividade económica e estou a pensar principalmente no caso das economias emergentes do Leste Asiático, que mantiveram grande controlo sobre o comércio internacional, sobre o investimento internacional e sobre a política monetária. Quanto à ideia de que a prioridade atribuída à estabilidade de preços e à redução da dívida pública levariam a um maior crescimento económico – na Europa estamos a seguir esta política desde o início da década de 90 – aquilo que a história nos mostra é que o desempenho económico da Europa tem sido medíocre, portanto é difícil dizermos que este modelo está a ser bem sucedido. E, por fim, a ideia de que o afastamento do Estado da esfera financeira levaria a um crescimento mais sustentado é desmentida pelas muitas dezenas de crises financeiras ocorridas desde o final dos anos 70, sendo a recente crise financeira (que ainda faz sentir as suas consequências) apenas o caso mais flagrante.

No auge desta crise, quando os Estados foram chamados em força para socorrer um sistema financeiro descapitalizado e que estava paralisado pelas suas próprias desventuras, e também para travar a espiral descendente de estagnação económica, houve uma paragem na euforia associada a essa narrativa liberal, da narrativa do mercado livre. E começou a dar-se algum peso – finalmente começou a haver algum espaço – para se pôr em causa este modelo e reflectir um pouco sobre o seu mérito. Este interregno foi rapidamente interrompido, e é a isso que estamos a assistir actualmente quando, depois de terem apoiado massivamente o sistema financeiro e a actividade económica para travar a espiral de estagnação, os Estados se viram a mãos com uma crise de dívida, uma crise que obviamente tem o seu motivo imediato nesta necessidade de acalmar a instabilidade financeira e, de alguma forma, tentar contrariar a tendência para a estagnação.

Em relação a isto, preocupa-me neste PEC o facto de não se assistir a qualquer alteração de paradigma, e queria chamar-vos à atenção para aquilo que é o modelo de desenvolvimento que está implícito neste PEC. A maior parte das pessoas que estão a discutir o PEC nesta mesa tende a centrar-se na primeira metade do documento, mas é na segunda metade que vem escrito muito do que são os aspectos programáticos do modelo de desenvolvimento que se quer para o país. Ora, esse modelo de desenvolvimento é um modelo essencialmente de *hands off*, isto é, o Estado não intervém; o Estado procura apenas garantir as condições de ambiente de negócios, propondo-se fazer a modernização administrativa, a redução da burocracia, etc. Mais uma vez mais verifica-se uma desistência relativamente a qualquer coisa que se possa aproximar da ideia de política industrial, ou seja, um empenho do Estado na promoção das capacidades do sistema produtivo. A ideia, muito básica, é a de que o Estado não tem de se meter nesses assuntos, o Estado apenas tem que criar as condições para o investimento privado.

Estamos assim a voltar atrás, de facto, no modelo de desenvolvimento. Considero que esse modelo de desenvolvimento é um modelo errado, como já aqui procurei mostrar, mas além disso é um modelo de desenvolvimento que em nenhum país da Europa está a ser seguido como o está em Portugal e não me parece que isso vá dar bom resultado. Gostaria de vos demonstrar alguns dados para perceberem o que quero dizer com isto. Os dados que eu estou a apresentar aqui referem-se a auxílios do Estado em Portugal. Quando olhamos para este gráfico – os dados são tirados do site da DG Concorrência da Comissão Europeia – parece que Portugal é dos países em que os auxílios estatais têm maior peso em termos de PIB o que nos levaria a pensar: "de facto, há Estado a mais, temos de retirar o Estado da economia". Mas quando olhamos para a composição destes auxílios somos confrontados com esta realidade particular de que mais de 80% dos auxílios de Estado em Portugal se dirigem ao sector financeiro, e isto não tem paralelo na Europa.

Em 2008, mesmo retirando o peso dos apoios anti-crise, Portugal gasta mais com apoios estatais ao sistema financeiro do que os restantes países da Europa todos juntos. Há aqui, obviamente, um factor que influencia estes dados que se chama *off-shore* da Madeira. Retiremos então o *off-shore* da Madeira, que é aquilo que conta nos auxílios do Estado em Portugal, e a conclusão a que chegamos é que Portugal é dos países da Europa que menos auxílios de Estado dá às empresas, é um Estado que está ausente, em larga medida, do sistema produtivo. Olhando apenas para os auxílios directos, verificamos que Portugal é, no contexto da União Europeia, o país que menos subsídios directos dá às empresas; a pouca intervenção que há é quase toda feita através de isenções fiscais. Ora, eu tenho muitas dúvidas que este modelo que está a ser seguido em Portugal há muitos anos – estes dados são de 2008, mas a tendência vem detrás – seja um modelo que nos vá garantir um crescimento da produtividade.

Há muitas reservas sobre se o Estado deve apoiar ou não as empresas e se deve interferir no sistema produtivo. Há muito bons motivos para isso; há muitos riscos de captura do Estado por interesses particulares, há muitos riscos de os dinheiros públicos de apoio ao tecido produtivo serem mal utilizados, há muitos riscos de corrupção. Estes riscos têm de ser minimizados e o combate à corrupção tem de ser um objectivo prioritário da política económica em Portugal – e não o é – e aquilo que o PEC nos oferece a esse nível não é muito satisfatório. Ainda hoje[1] vimos no *Público* a notícia de que grande parte dos organismos que são responsáveis pela despesa do Estado não apresentou ainda ao Conselho de Prevenção da Corrupção os documentos previsto nas regras em vigor. Não há controlo da corrupção suficiente em Portugal. Temos aqui o Tribunal de Contas ao nosso lado que é uma ilha no meio de um deserto de muito pouco controlo.

Portanto a mensagem que quero passar, para terminar, é: há Estado a mais em Portugal? Não. Há claramente Estado a

---

[1] Dia 22 de Março de 2010.

menos. A receita é aumentar desmesuradamente o peso do Estado sem cuidado? Não. É preciso fazer duas coisas em conjunto: ter uma política industrial mais agressiva, como os países do Leste Asiático tiveram e como muitos dos nossos parceiros europeus têm – e que nós não temos; e em segundo lugar, isso tem de ser acompanhado de um aumento muito significativo da transparência, da *accountability,* do combate à corrupção em todas as instituições públicas nacionais.

Muito obrigado.

A Despesa Pública no PEC

*Miguel Moura e Silva**

Começo por agradecer ao Professor Paz Ferreira que, como Presidente do IDEFF, nos tem habituado a um conjunto de iniciativas nas quais eu tenho tido todo o gosto de colaborar. É um conjunto de iniciativas que valorizam muito a Faculdade de Direito em si, bem como, dentro desta Faculdade, o grupo de Ciências Jurídico-Económicas no qual também me integro.

Gostaria de começar com uma pequena citação – já hoje de manhã fomos aqui habituados a algumas – e eu passaria a ler com alguma adaptação quanto aos anos:

> "As medidas de combate ao défice adoptadas em Portugal recentemente visaram a contenção da despesa corrente primária, sobretudo o congelamento das tabelas salariais da função pública, cortes horizontais no consumo intermédio da administração central e o aumento de receita fiscal. Se é verdade que [quanto há um ano, não muito distante], os valores disponíveis para a indicação da variação de saldo primário subjacente apontam para uma ligeira

---

* Professor Auxiliar da Faculdade de Direito de Lisboa.

consolidação de 0,5% do PIB, já mais recentemente se assistiu ao forte crescimento da despesa, designadamente em áreas como a segurança social e a saúde. Acresce que as medidas de contenção de carácter essencialmente suspensivo não foram complementadas por reformas estruturais que assegurassem uma contenção sustentada da despesa pública e atacassem as causas do seu crescimento. Por outro lado, do lado da receita as medidas adoptadas não tiveram os efeitos esperados pelo Governo de então, em resultado da recessão económica que se verificou".

Este texto que acabei de ler é relativo ao PEC de 2005/ /2009. Eu espero que não tenha o mesmo texto pela frente quando estivermos a discutir o PEC 2014/2017, porque na verdade a história repete-se. Este é no fundo o fantasma do PEC passado; vamos ver então o fantasma do PEC presente.

Eu começaria por dois postulados que já foram aqui enunciados hoje de manhã, mas é importante relembrá-los. Primeiro, Portugal é membro da União Económica e Monetária; segundo, Portugal tem de cumprir as regras. Se estas forem alteradas, esse será outro cenário. Mas neste momento Portugal tem de cumprir as regras, o que significa que este PEC tem que apontar indicadores macroeconómicos e um conjunto de medidas, do lado da despesa e do lado da receita, que levem a que Portugal, em 2013, atinja o objectivo de ter um défice inferior a 3% do PIB.

Ora bem, o que é que eu posso salientar relativamente a este PEC? Em primeiro lugar, o PEC traduz de uma forma clara que o crescimento económico em Portugal não depende do Estado. Eu acho que este é um ponto que não é óbvio, mas que perpassa o documento. Segundo, o Estado — isto é mais controverso, mas é o que da minha leitura resulta do PEC —, agora aqui aferido em termos da despesa, tal como ela se traduz

na dívida e no défice, é no fundo um obstáculo a esse crescimento económico. Isto é o que eu leio no PEC. Quais são as
soluções? Bom, a primeira solução é aumentar a receita, a
segunda diminuir a despesa, a terceira solução confiar na sorte.

Qual é o cenário macroeconómico traçado pelo PEC?
Parece-me um cenário que é optimista, mas não o é excessivamente e esta é uma nota que eu vejo aqui de uma forma
favorável. Se nós olharmos para os dados macroeconómicos
que o PEC prevê, verificamos que temos um crescimento muito
moderado do PIB que, obviamente, não é, em si, uma boa
notícia: 0,7% em 2010, 0,9% em 2011, 1,3% em 2012 e 1,7%
em 2013. Temos um crescimento moderado do consumo privado
e contenção do consumo público. Encontramos uma previsão
de crescimento das exportações, apontando em 2013 para 4,6%,
o que me parece, nesta fase, algo optimista, talvez até demasiado
optimista. E temos um dado que me deixa em dúvida quanto
a saber se não será optimista, que é o dado do crescimento da
produtividade. Como é óbvio, sem aumento da produtividade
não há crescimento económico pelo que espero que a minha
cautela a este propósito se revele errada; refira-se que os valores
previstos são, em todo o caso, baixos. Assim, vamos de 0,8 até
1,2% de crescimento da produtividade entre 2011 e 2013.

Depois temos um dado onde, aí sim, o PEC é decidida-
mente pessimista e que é a taxa de desemprego. Olhando para
o PEC ficamos com a impressão que o pior ainda está para vir:
a taxa de desemprego, tal como está prevista, cresce este ano
para 9,8%, mantém-se em 9,8% em 2011, para só começar
finalmente a ter alguma descida, ainda muito reduzida, em 2012
e 2013. O que tem, como veremos, consequências também ao
nível da despesa.

Ora bem, qual é o desafio no fundo que se coloca perante
este PEC?

O desafio é muito simples: do lado da despesa trata-se de reduzir a despesa sem afectar aquelas parcelas em relação às quais, apesar de tudo, o Estado ainda pode contribuir para o crescimento económico ou, pelo menos, para não agravar a situação económica que vivemos. Qual é, então, o contributo da despesa? Este é um contributo que, a exemplo daquilo que o PEC de 2005 referia para os anos anteriores, é essencialmente conjuntural. Por exemplo, ao nível das despesas com pessoal, mesmo com a aplicação dos tectos salariais, etc., prevê-se que haja uma diminuição da despesa com pessoal que passaria a representar cerca de 10% em 2013, caindo, portanto, dos actuais cerca de 11,5%, o que é uma redução relativamente tímida, por assim dizer. Enfim, é possível, por vezes será excessiva até, mas em termos de indicador parece claramente reduzida.

Para além disso, a única medida estrutural que se avança em matéria de redução do peso da despesa de pessoal é uma medida que já todos conhecíamos, a famosa regra de que por cada dois funcionários públicos que abandonam o serviço, pode entrar apenas um; regra essa cuja credibilidade tem sido posta em causa, porque como a regra é demasiado cega é preciso flexibilizá-la e, como todos os sectores se consideram especiais, a flexibilidade dessa regra pode no fundo estender-se indefinidamente e minar a sua própria credibilidade.

Depois temos o outro corte brutal da despesa, a grande componente também em termos de contributo para a redução do défice, que é a despesa social. Obviamente, um Estado que não tem dinheiro não tem meios para conseguir ser um Estado de Providência generoso. Julgo, no entanto, que não estamos propriamente nesse cenário extremo. Neste aspecto, considero que o PEC é menos feliz. Repare-se, por exemplo, quando se fala agora em medidas concretas no condicionamento na atribuição de subsídio de desemprego, visando facilitar uma mais rápida integração dos trabalhadores desempregados no mercado de trabalho. Note-se que, ao mesmo tempo que se diz isso no PEC, prevê-se uma subida da taxa de desemprego e prevê-se que a taxa de desemprego se mantenha num nível anormalmente elevado, o que me faz temer que o próprio Governo não acredita bem nestas projecções que faz relativamente às medidas que avança. Naturalmente, fico preocupado.

Também me suscita alguma reserva, e já tive ocasião de chamar à atenção aos meus alunos de Finanças Públicas para isso, que o reforço da nossa competitividade passa pela melhoria da formação, o facto de, ao mesmo tempo que são limitadas as deduções de despesas com a educação, encontrarmos medidas que são aqui avançadas e que vão, no fundo, também cortar com o lado de prestação social. Isto é, pagamos mais impostos, não vamos poder deduzir certas despesas, mas em contrapartida o serviço que o Estado nos vai prestar, espera-se que não piore, mas a verdade é que terá de ser prestado com menos dinheiro. Veja-se por exemplo na página 16 do PEC, mesmo no final, em que se diz que "no âmbito do contrato de confiança com o sistema de ensino superior" – e esta é uma frase de novilíngua Orwelliana brilhante – "será potenciado o contributo das instituições do ensino superior" – o que parece bom – "para a redução e controlo das despesas com o pessoal, consumos intermédios e prestações sociais". Como prestações sociais no âmbito do ensino superior estou a ver os serviços de acção social, ou seja, os serviços de cantinas e afins, e as bolsas. Esta parece-me ser, à partida, uma má notícia. Claro está, como ela não é concretizada temos de reservar o diagnóstico para outra fase.

Em termos da despesa, temos também uma redução do consumo intermédio, mas não vejo como tal podia deixar de suceder. Obviamente o consumo intermédio vai ter de cair, sendo que, como é lógico, isto também terá um impacto (negativo) no crescimento económico através da diminuição da procura pública.

O PEC prevê ainda outra medida conjuntural que é a redução do investimento público, outro aspecto particularmente controverso e que, do meu ponto de vista, não está devidamente ponderado, porque há um factor que surge do lado da receita e que não encontra contrapartida do lado da despesa. Por exemplo, no lado das receitas, como se sabe, o grande enfoque é sobretudo nas receitas das reprivatizações, mas descobrimos aí umas alíneas um pouco mais escondidas que falam em concessões, designadamente naquilo que é erradamente apelidado de concessão de linhas da CP. Ora bem, a CP não opera linhas, a CP opera serviços, portanto estamos a falar da concessão de serviços; as linhas são a infra-estrutura e podem ser utilizadas por qualquer empresa já hoje, embora para aqueles serviços liberalizados apenas. Mas, mais importante do que a questão terminológica (será também conceitual?) é a implicação desta "privatização" do lado da despesa. Ora bem, se vamos fazer concessões, já hoje foi referido de manhã, temos também compensações por serviço público. Onde estão essas compensações no PEC? Eu não as vejo; e, não as vendo, fico aqui com um receio relativamente ao futuro.

Estas seriam as minhas notas finais, se quiserem, o fantasma do PEC futuro. Parece-me que este PEC convida essencialmente à fuga. Não diria à nossa fuga, nós portugueses, pois o cenário, não sendo optimista, não parece assim tão assustador. Mas convida à fuga do lado da receita, uma vez que o aumento dos impostos directa ou indirectamente vai necessariamente reflectir-se numa necessidade de maior controlo da nossa máquina fiscal e da nossa justiça fiscal, de maneira a assegurar que o Estado não vai ser lesado através de comportamentos que levem a uma fuga ao fisco. Do lado da despesa há também aqui um receio pessoal de fuga, que é a fuga para a desorçamentação. Embora veja com bom grado as medidas que aqui são apresentadas para o sector empresarial do Estado, duvido muito que elas se venham a concretizar com o rigor aqui anunciado. Mas esta é claramente uma daquelas áreas em que eu penso que o Tribunal de Contas vai ter muito trabalho em verificar que esta despesa pública não vai ser desorçamentada, ou seja, que nós não vamos ter a transição de uma série de despesas – e fico particularmente preocupado com a despesa relativa a estudos, assessorias, etc. – para o sector empresarial do Estado, que depois todos nós acabaremos por ter de pagar.

Por último, quais são as soluções?

De facto, olhando para o lado da despesa não há muitas soluções. Eu recordo-me que há bastantes anos atrás, enquanto funcionário público, participei num exercício que era a chamada "Redefinição das funções do Estado". Tratou-se de uma iniciativa lançada. ainda no tempo do Governo de Durão Barroso, em que a Inspecção-geral das Finanças serviu como ponto aglutinador de um questionário que procurava identificar o que é que cada serviço fazia, quais eram os serviços que eram prestados dentro do mesmo organismo, quais eram prestados para fora. Tinha uma finalidade óbvia: identificar aquilo que era verdadeiramente essencial continuar a ser assegurado pelo Estado e permitir o exercício de opções, eventualmente em termos de contratação de outras tarefas que pudessem passar para a iniciativa privada. Desconhece-se o que aconteceu ao resultado desse exercício. Presumo que esteja abandonado, algures numa gaveta. Aquilo que se conhece de passagem de funções públicas para a iniciativa económica privada também não é muito animador, convém reconhecer. O caso que nós todos conhecemos é o do notariado e aqui o próprio Estado não reagiu com grande coerência. Este parece, aliás, um caso de responsabilidade pelo prospecto, uma vez que as condições de privatização, talvez excessivamente generosas para aqueles que iam ficar com o exercício dessa actividade, foram depois revistas, com óbvio sentimento de lesão por parte daqueles que participaram. Enfim, não vou tecer outras considerações sobre este sector, mas criam--se aqui expectativas negativas quanto a uma eventual transição de funções do Estado para a iniciativa económica privada mediante a contratação, a desburocratização ou outros processos, nos quais aliás se avançou de uma forma notável nos últimos anos, diga-se de passagem.

Eu ouvi com particular atenção as observações que aqui foram feitas de manhã, porque numa sociedade em que não existe confiança entre privados e Estado, entre trabalhadores e patrões, não há condições para a criação sustentada de riqueza. Este é um problema que já não depende do Estado, não depende de PECs, depende, isso sim, de todos nós. É uma questão de criação de confiança nas pessoas e nas instituições e sem isso, meus amigos, não há PEC que nos valha.

Muito obrigado.

O Programa de Estabilidade e Crescimento
e o papel do Tribunal de Contas

*Pinto Almeida**

1. Introdução

Em Portugal, os procedimentos relativos às finanças públicas encontram-se associados às obrigações do País enquanto Estado-Membro da União Europeia que aderiu à 3.ª Fase da União Económica e Monetária[1].

A gestão global das finanças dos Estados não pode ignorar as opções de carácter monetário. Porém, na área do euro a necessidade de articulação entre as políticas monetária e orçamental coloca-se num enquadramento especial, em que uma política monetária única (actualmente comum a 16 Estados-Membros), definida no contexto do chamado Eurosistema, coexiste com opções nacionais soberanas em matéria de orçamentos públicos.

Esta realidade implica a necessidade de um "esforço" de coordenação, no contexto da área do euro, entre as estratégias nacionais sobre finanças públicas e as linhas de acção definidas pelas autoridades da política monetária comum.

---

[*] Juiz Conselheiro do Tribunal de Contas.
[1] Iniciada em 1999. Fase marcada pela adopção da moeda única.

Asim, encontram-se definidas no âmbito da UE normas precisas sobre esta matéria, num contexto de "supervisão multilateral", em que se destacam o Procedimento sobre Défices Excessivos e as obrigações decorrentes do Pacto de Estabilidade e Crescimento – designadamente, a necessidade de apresentação pelos Estados-Membros (EM) dos seus Programas de Estabilidade, que devem visar a consolidação orçamental.

Como se sabe, a necessidade de equilíbrio financeiro coloca-se actualmente como um imperativo incontornável, enquanto suporte do crescimento sustentado da economia[2]; deste modo, no contexto da UE, as estratégias dos EM a executar nesse sentido têm de ser demonstradas através dos Programas de Estabilidade, que se comprometem a executar.

Ora, em matéria de tal relevância e alcance, a área do controlo constitui naturalmente um dos patamares fundamentais.

A nosso ver, e independentemente das competências das autoridades comunitárias, incumbe ao Tribunal de Contas de Portugal, órgão supremo e independente de controlo das finanças públicas do País, um papel particularmente significativo no quadro de procedimentos relativos à aplicação dos Programas de Estabilidade do País.

Recordemos, a propósito, que nos termos da Constituição (art. 214.º) o Tribunal de Contas é o órgão supremo de fiscalização da legalidade das despesas públicas e de julgamento das contas que a lei mandar submeter-lhe, competindo-lhe, nomeadamente:

---

[2] De facto, as estratégias de relançamento económico são equacionadas ainda em cenário de incerteza, sendo as perspectivas económicas marcadas por uma recuperação gradual mas moderada da actividade à escala global, após o quadro recessivo sem precedentes históricos recentes.

a) Dar parecer sobre a Conta Geral do Estado, incluindo a da segurança social;

b) Dar parecer sobre as contas das Regiões Autónomas dos Açores e da Madeira;

c) Efectivar a responsabilidade por infracções financeiras, nos termos da lei;

d) Exercer as demais competências que lhe forem atribuídas por lei.

Antes, porém, de nos debruçarmos com maior detalhe sobre as atribuições e competências do Tribunal de Contas neste domínio, permitam-se-nos algumas breves considerações sobre o enquadramento, quer na perspectiva comunitária quer na nacional, do Programa de Estabilidade e Crescimento (PEC), do Orçamento do Estado (OE) e a relação entre ambos.

2. O quadro de supervisão orçamental da União Europeia

a. Disposições do Tratado e outras normas comunitárias de enquadramento

Como foi já referido, uma das principais características da terceira fase da UEM é a coexistência de uma política monetária única com políticas orçamentais da responsabilidade dos EM participantes.

Neste contexto, foram definidas regras destinadas a garantir a disciplina orçamental, de modo a evitar pressões inflacionistas e sobre as taxas de juro que se repercutiriam negativamente em todas as economias da área do euro.

A necessidade de coordenação das políticas económicas dos EM da UE é referida, desde logo, nos termos do Tratado sobre o Funcionamento da União Europeia, que estipula a necessidade de os EM conduzirem as suas políticas económicas no sentido de contribuir para a realização dos objectivos da União. Por outro lado, as políticas económicas dos EM são consideradas uma questão de interesse comum, sendo, por isso, coordenadas no Conselho.[3]

A base do quadro de supervisão orçamental da UE inclui variadas normas específicas sobre finanças públicas, relevando para o tema deste seminário:

- Referência às sucessivas fases do procedimento dos défices excessivos[4]:
  - Definição do que deve ser considerado um défice excessivo, com remissão para valores de referência para o défice e para a dívida em percentagem do PIB (**3% para o défice e 60% para a dívida** – Protocolo n.º 12 anexo ao Tratado sobre o Funcionamento da União Europeia).

Valerá a pena lembrar que no Protocolo n.º 12 anexo ao Tratado sobre o Funcionamento da União Europeia se entende por: défice – os empréstimos líquidos contraídos, tal como definidos no Sistema Europeu de Contas Económicas Integradas; e por dívida – a dívida global bruta, em valor nominal, existente no final do exercício, e consolidada pelos diferentes sectores do governo em geral.

---

[3] Cf. *Tratado sobre o Funcionamento da União Europeia*, CAPÍTULO 1, A POLÍTICA ECONÓMICA, artigo 120.º (ex-artigo 98.º TCE) e artigo 121.º (ex-artigo 99.º TCE), n.º 1, in *Versões consolidadas dos Tratados tal como alterados pelo Tratado de Lisboa* – cf. http://www.consilium.europa.eu/uedocs/cmsUpload/st06655-re01.pt08.pdf

[4] Idem, artigo 126.º (ex-artigo 104.º TCE).

b. O Pacto de Estabilidade e Crescimento

Já no Conselho Europeu de Dezembro de 1996[5] foi salientada "a importância de se manter uma situação de estabilidade nas finanças públicas para reforçar as condições necessárias à estabilidade dos preços e a um forte crescimento sustentável que conduza à criação de emprego", sendo também referido que era necessário que "as políticas orçamentais apoiem políticas monetárias orientadas para a estabilidade", devendo assegurar "posições orçamentais sãs, próximas do equilíbrio ou excedentárias", que permitam aos Estados enfrentar as flutuações cíclicas mantendo o défice dentro dos valores de referência.

Deste modo, na sequência e em confirmação das disposições do Tratado anteriormente referidas, foi aprovado em 1997 o Pacto de Estabilidade e Crescimento, depois revisto em 2005.

O PEC desenvolve as disposições do Tratado, estabelecendo um conjunto de regras, princípios e procedimentos comuns que contribuem para a concepção, a supervisão e a coordenação das políticas orçamentais nos EM da EU e compreende duas componentes básicas: uma preventiva e outra correctiva, diferindo a sua aplicação consoante os défices sejam considerados excessivos ou não.

A reforma do PEC de 2005 visou reforçar a sua dimensão preventiva. Foi clarificado o objectivo orçamental de médio prazo e o processo de convergência para que este seja alcançado.

Nos termos do PEC, cada EM participante[6] apresentará ao Conselho e à Comissão as informações necessárias ao exercício

---

[5] Cf. Conclusões do Conselho Europeu de Dublin, em 13 e 14 de Dezembro de 1996.

[6] Refere-se aos EM que aderiram à moeda única (3.ª fase da UEM).

da supervisão multilateral, sob a forma de um Programa de Estabilidade que incluirá, entre outras, as seguintes informações:

- O objectivo orçamental de médio prazo e uma trajectória de ajustamento que conduza ao objectivo fixado para o saldo orçamental e a evolução prevista do rácio da dívida pública;
- Uma avaliação quantitativa pormenorizada das medidas orçamentais e outras aplicadas e/ou propostas para a realização dos objectivos do programa;
- Uma análise das implicações das alterações das principais hipóteses económicas sobre a situação orçamental e de endividamento;
- Sendo o caso, as razões para o desvio em relação à trajectória de ajustamento ao objectivo de médio prazo.

Tratando-se de uma obrigação decorrente da integração de Portugal na UE, o Programa de Estabilidade visa a consolidação das finanças públicas nacionais, enquanto instrumento de política económica de apoio ao crescimento e emprego no País.

Neste sentido, tratando-se de um documento fundamental de programação das orientações orçamentais nacionais, é importante situá-lo no devido contexto que lhe é dado pelo quadro legislativo que, em Portugal, estabelece as normas básicas em matéria de aprovação, gestão e controlo das finanças públicas.

3. O processo orçamental nacional e as obrigações decorrentes da integração europeia

A Lei de Enquadramento Orçamental (LEO)[7] determina que o Orçamento do Estado, nas suas diversas componentes

---

[7] Lei n.º 91/2001, de 20 de Agosto, alterada posteriormente.

(serviços integrados, serviços e fundos autónomos, segurança social) – e também os orçamentos das Regiões Autónomas e das Autarquias Locais, sem prejuízo da sua independência – e no que respeita a vinculações externas, seja *elaborado, aprovado e executado* no respeito das *obrigações decorrentes do Tratado da União Europeia* [art. 17.º, b)]. E determina ainda que o Orçamento do Estado seja *desenvolvido de harmonia com as Grandes Opções do Plano e demais planos elaborados* (art. 14.º).

Se nestas disposições encontramos a obrigação legal genérica de acolhimento e implementação no Orçamento do Estado das medidas consagradas no Programa de Estabilidade e Crescimento, o Título V da mesma Lei, dedicado à "estabilidade orçamental", é expresso quanto a tal matéria, começando por justificar a sua existência com a necessidade de consagrar normas destinadas a fazer cumprir as obrigações decorrentes do agora art. 126.º do Tratado sobre o Funcionamento da União Europeia, e do Pacto de Estabilidade e Crescimento (art. 82.º, n.º 2).

De seguida consagra três novos princípios orçamentais (art. 84.º):

i) O da estabilidade, que consiste numa situação de equilíbrio ou excedente orçamental;

ii) O da solidariedade recíproca, que obriga todos os subsectores do sector público administrativo a contribuírem proporcionalmente para a realização da estabilidade orçamental; e

iii) O da transparência (muito próximo do da publicidade[8]), que impõe um dever de informação por forma a garantir a estabilidade orçamental e a solidariedade recíproca.

---

[8] Consagrado no Art. 12.º da LEOE.

O art. 86.º estabelece que as medidas de estabilidade a consagrar na Lei do Orçamento devem incluir a fixação anual dos limites específicos de endividamento da administração central do Estado, das Regiões Autónomas e das Autarquias Locais e dos montantes das transferências do Orçamento do Estado para as Regiões Autónomas e para as Autarquias Locais, prevalecendo sobre os montantes que resultarem das Leis das Finanças Regionais e das Finanças Locais.

É ainda na LEO que encontramos a norma segundo a qual "o Governo submete à apreciação da Assembleia da República a revisão anual do Programa de Estabilidade e Crescimento, efectuada de acordo com a regulamentação comunitária. A revisão final deste Programa é enviada pelo Governo à Assembleia da República, antes de o entregar definitivamente ao Conselho e à Comissão (art. 61.º).

Este quadro legal, exposto de forma muito sintética, já nos permite concluir que o Programa de Estabilidade e Crescimento se realiza, em parte significativa, através das medidas adoptadas em cada ano no Orçamento do Estado.

4. Atribuições e competências do Tribunal de Contas português

Assim sendo, apresenta-se-nos como crucial para a credibilidade e eficácia do Programa de Estabilidade e Crescimento o controlo financeiro externo, a cargo do Tribunal de Contas.

É a própria Lei de Enquadramento Orçamental – art. 90.º – que comete ao Tribunal de Contas o controlo jurisdicional do cumprimento das exigências da estabilidade orçamental e impõe às demais entidades e serviços a obrigação de comunicarem ao Tribunal de Contas, de imediato, a verificação, por si detectada, do incumprimento dos princípios, regras e procedimentos de estabilidade orçamental (art. 92.º).

A Lei de Organização e Processo do Tribunal de Contas (LOPTC), desenvolvendo a norma constitucional antes referida, caracteriza o Tribunal de Contas como o órgão jurisdicional que fiscaliza a legalidade e regularidade das receitas e das despesas públicas, aprecia a boa gestão financeira e efectiva responsabilidades por infracções financeiras. E define, com precisão, as competências deste órgão de soberania.

De entre elas, e para o caso que nos ocupa, são de destacar as competências do Tribunal para:

- Dar parecer sobre a Conta Geral do Estado, incluindo a da segurança social;
- Fiscalizar previamente a legalidade e o cabimento orçamental dos actos e contratos de qualquer natureza que sejam geradores de despesa ou representativos de quaisquer encargos ou responsabilidades, praticados ou celebrados pelas entidades definidas na lei;
- Verificar as contas dos organismos, serviços ou entidades sujeitos à sua prestação;
- Apreciar não só a legalidade, mas também a economia, eficácia e eficiência da gestão financeira das entidades sujeitas aos seus poderes de controlo, incluindo a organização, o funcionamento e a fiabilidade dos sistemas de controlo interno;
- Realizar auditorias de qualquer natureza a essas mesmas entidades, por iniciativa própria ou a solicitação da Assembleia da República ou do Governo;
- Fiscalizar, no âmbito nacional, a cobrança dos recursos

próprios e a aplicação dos recursos financeiros oriundos da União Europeia.[9]

É no exercício destas competências que o Tribunal de Contas desempenha um papel de grande relevo na promoção da legalidade e da qualidade das finanças públicas[10].

Compreende-se bem que qualquer plano que vise promover o rigor da gestão dos recursos financeiros públicos e a sustentabilidade das finanças públicas só será verdadeiramente credível se, além das qualidades que intrinsecamente deve conter, for objecto de um controlo financeiro independente e eficaz[11]. O que sucede com o Programa de Estabilidade e Crescimento 2010-2013[12].

---

[9] Art. 5.º, LOPTC.

[10] Em reforço deste ponto de vista, Cf. *Comunicação da Comissão ao Parlamento Europeu, ao Conselho, ao Comité Económico e Social Europeu, ao Comité das Regiões e ao Banco Central Europeu: As finanças públicas na UEM – 2007; Assegurar a eficácia da vertente preventiva do Pacto de Estabilidade e Crescimento* {SEC(2007) 776}, p. 6: "Os debates sobre a qualidade e eficácia das despesas públicas e a sua contribuição para o reforço do crescimento potencial devem ser mais sistemáticos **no quadro da avaliação dos programas orçamentais de médio prazo**, apresentados pelos Estados-Membros nos seus programas de estabilidade ou convergência" (destaque nosso).

[11] Aliás, a Comunicação da Comissão anteriormente referida menciona o facto de que "no contexto da reforma do PEC de 2005, o Conselho convidou igualmente os governos dos Estados-Membros a submeter aos seus parlamentos nacionais os programas de estabilidade ou convergência, assim como os pareceres do Conselho a seu respeito." (p. 7)

[12] Aprovado em Conselho de Ministros de 13/03/2010; divulgado publicamente a 15/03/2010; para discussão na Assembleia da República a 25/03/2010.

5. Instrumentos de actuação do Tribunal de Contas aptos a contribuir para a eficácia do PEC

a. O Parecer sobre a Conta Geral do Estado

O contributo do Tribunal de Contas é apto a assegurar o sucesso do PEC e concretiza-se, em primeiro lugar, através da emissão anual do Parecer sobre a Conta Geral do Estado incluindo a da segurança social.

Neste, o Tribunal de Contas aprecia a actividade financeira do Estado nos domínios das receitas, das despesas, da tesouraria, do recurso ao crédito público e do património, dando especial relevo à verificação do cumprimento da Lei de Enquadramento do Orçamento do Estado e da demais legislação complementar relativa à administração financeira.

b. A fiscalização prévia

Também a fiscalização prévia se revela como outro importante contributo à realização do PEC.

Esta tem por finalidade verificar se os actos, contratos ou outros instrumentos geradores de despesa ou representativos de responsabilidades financeiras directas ou indirectas estão conformes com a lei e se os respectivos encargos têm cabimento orçamental[13] e, quanto aos instrumentos geradores de dívida pública, verificar, designadamente, se os limites e sublimites de endividamento são observados.[14]

---

[13] Art. 44.º/1, LOPTC.
[14] Art. 44.º/2, LOPTC.

Este último segmento, ainda que limitado à dívida fundada dos serviços e fundos autónomos e das autarquias locais, assume--se como um poderoso instrumento de controlo de uma das vertentes essenciais do Programa de Estabilidade e Crescimento, a contenção da dívida pública.

Pode o Tribunal, no âmbito da fiscalização prévia, recusar o visto aos actos e contratos que lhe sejam submetidos, com fundamento em nulidade, falta de cabimento orçamental, violação directa de norma financeira ou ilegalidade que altere ou possa alterar o respectivo resultado financeiro,[15] evitando-se, assim, a realização da totalidade ou de parte da correspondente despesa.

Refira-se, a este propósito, que o montante dos contratos a que foi recusado o visto ascendeu, em 2009, a 3 463 milhões de euros, correspondendo a 31,9% do montante total dos processos sujeitos a visto.[16]

c. A fiscalização concomitante

Em estreita articulação com a fiscalização prévia – reforçada, aliás, com as alterações introduzidas à LOPTC em 2006 – o Tribunal de Contas leva a efeito a fiscalização concomitante, no âmbito da qual são, designadamente, realizadas auditorias aos contratos que não estejam, nos termos da lei, sujeitos a fiscalização prévia, bem como à execução de contratos *visados*.[17]

---

[15] Art. 44.º/3, LOPTC.

[16] Tribunal de Contas, *Relatório de Actividades e Contas de 2008*, Lisboa, 2009, p. 17.

[17] Art. 49.º/1, LOPTC.

d. A fiscalização sucessiva

Já no âmbito da fiscalização sucessiva, o Tribunal de Contas, para além da verificação das contas das entidades sujeitas aos seus poderes de controlo, realiza auditorias de diversa natureza tendo em vista apreciar a legalidade, economia, eficiência e eficácia da gestão dos recursos financeiros públicos.[18]

É também no âmbito da fiscalização sucessiva que o Tribunal avalia os sistemas de controlo interno e fiscaliza a comparticipação nacional nos recursos próprios da União Europeia, tal como a aplicação dos recursos financeiros desta provenientes.[19]

Os processos de auditoria concluem com a aprovação de um relatório, onde constarão a indiciação de eventuais infracções financeiras e as recomendações dirigidas às entidades auditadas e, se se justificar, às entidades de tutela.

*

As *recomendações* do Tribunal de Contas, para além da função pedagógica que sempre tiveram e continuam a ter, com as alterações introduzidas em 2006 à LOPTC, assumiram outra relevância, pois que o seu não acatamento reiterado e injustificado faz incorrer os respectivos destinatários em responsabilidade financeira sancionatória[20]. Elas são um importante instrumento de melhoria da qualidade da gestão financeira pública, igualmente apto a contribuir para evitar a prática de actos ilegais.

---

[18] Art. 50.º/1, e 54.º e 55.º, LOPTC.
[19] *Idem.*
[20] Art. 65.º, n.º 1 j)

É de registar o elevado grau de acolhimento das recomendações formuladas pelo Tribunal de Contas, que tem sido constatado através da realização de auditorias de seguimento, donde resulta que esta Instituição tem dado um contributo efectivo para a adopção das melhores práticas pelos diversos organismos que gerem recursos financeiros públicos.

e. A efectivação de responsabilidades financeiras

A prática de infracções financeiras pode levar à efectivação de responsabilidades financeiras.

O julgamento por infracções financeiras está a cargo da 3.ª Secção do Tribunal e pode culminar na aplicação de uma sanção pecuniária e (ou) na condenação do responsável à reposição das importâncias abrangidas pela infracção.

Tal significa que nas infracções financeiras de maior gravidade – como alcances, desvios e pagamento indevidos – para além de eventual responsabilidade sancionatória, há lugar a efectivação de responsabilidade reintegratória.[21]

A este propósito e no âmbito do tema que nos ocupa, referimos aqui o n.º 1 do art. 92.º da Lei de Enquadramento Orçamental, nos termos do qual o incumprimento das regras e procedimentos em matéria de estabilidade orçamental constitui sempre uma circunstância agravante da inerente responsabilidade financeira.

A eficácia da acção do Tribunal, enquanto julgador, nos processos resultantes da prática de infracções financeiras é fundamental.

É-o, em primeiro lugar, porque reforça a importância das auditorias.

---

[21] Art. 59.º, LOPTC.

Em segundo lugar, porque ao punir os responsáveis transmite a mensagem, tanto aos gestores como aos cidadãos, de que o Tribunal de Contas cumpre o seu papel de garante da justiça financeira.

Finalmente, a efectivação de responsabilidades financeiras traduz-se num incentivo ao cumprimento da lei, dando expressão a uma função dissuasora da prática, futura, de idênticos actos ilícitos.

Conclusões

- As obrigações de Portugal em matéria de compromissos estabelecidos nos seus Programas de Estabilidade são decorrentes da adesão do País à UEM, designadamente nos termos do Tratado e do Pacto de Estabilidade e Crescimento;
- O Programa de Estabilidade consubstancia-se num plano económico-financeiro de médio prazo, a executar no sentido da promoção da sustentabilidade das finanças públicas nacionais no contexto da UEM, e concretiza--se, em boa parte, através das Leis anuais do Orçamento e legislação nacional conexa;
- Deste modo, tendo em atenção a referida natureza dos Programas de Estabilidade, o Tribunal de Contas português, órgão supremo e independente do controlo da actividade financeira pública, tem um relevante papel a desempenhar no sentido da avaliação da consolidação orçamental de Portugal no contexto da União Económica e Monetária (designadamente, a execução do Programa de Estabilidade e Crescimento).

Senhor Professor Paz Ferreira
Senhor Presidente da Mesa
Senhores Conferencistas
Senhores Participantes
Minhas Senhoras e meus Senhores

Quero em nome do Tribunal de Contas e em meu nome pessoal, antes de mais, agradecer, na pessoa do Senhor Professor Paz Ferreira, ao IDEEF (Instituto de Direito Económico, Financeiro e Fiscal) o honroso convite que nos endereçou para participarmos nesta conferência sobre o tema tão actual e importante: "PEC: Programa de Estabilidade ou Crescimento?".

Muito obrigado pala oportunidade que nos deram de podermos aqui mostrar em que medida o Tribunal de Contas pode, deve e, seguramente o fará, contribuir para tornar mais credível e fiável o PEC agora apresentado.

Muito obrigado

O Direito Fiscal e o PEC

Oradores:

Amaral Tomaz
Rui Morais
Luis Belo

O Direito Fiscal e o PEC

Amaral Tomaz[*]

Foi publicado recentemente um artigo interessante de Jorge Correia da Cunha e de uma outra colega do Banco de Portugal, Cláudia Braz, sobre os efeitos redistributivos do IVA em Portugal no qual reabrem a questão da progressividade/regressividade do IVA e das vantagens e desvantagens da opção por um modelo de taxa única.

Gostaria de recordar que em 1984, se não estou em erro, naquela publicação da Comissão do IVA, em colaboração com o GEBEI, editada pela Imprensa Nacional da Casa da Moeda sobre o impacto económico da introdução do IVA, foram efectuadas várias simulações de taxas e as conclusões não são muito diferentes, passados vinte e cinco anos, das que foram extraídas por aqueles economistas do Banco de Portugal. Aquela edição da INCM tinha uma introdução do Engenheiro João Cravinho. O grupo que elaborou os estudos integrava, dos nomes que ainda recordo, o Raul Esteves, o Pimpão e os ex-economistas da DGCI, Figueira e Domingues.

---

[*] Mediador do Crédito e Professor Associado Convidado do Instituto Superior de Economia e Gestão da Universidade Técnica de Lisboa.

Vou hoje fazer uma apresentação completamente diferente, sobre o tema da fiscalidade e do PEC. Espero corresponder ao que esperam de uma comparação entre este PEC e o que foi elaborado em 2005. Irei dividir a minha apresentação em cinco temas: a comparação dos dois PECs; o Programa de Estabilidade de 2010, em si; dúvida sobre eventuais "almofadas", que é um ponto de que não se tem falado muito e que, em meu entender, é muito relevante; a omissão clara no Programa, quase que diria provocatória, de referência ao combate à evasão e fraudes fiscais dado que não há nele uma única referência (ainda por cima há uma referência ao combate e evasão contributivas da Segurança Social, pelo que aquela omissão ainda se torna mais chocante do que se não houvesse a referência à Segurança Social). Mas isso pode ser corrigido dando uma acepção mais ampla à fraude contributiva, porque poderá ser mesmo mal entendido pelos organismos internacionais este apagão.

O quarto tema é o da credibilidade do PEC no domínio das receitas fiscais, e aqui há alertas que me parecem particularmente úteis sobre aquilo que passou agora a ser um dos temas apetecidos a nível da discussão da política fiscal, o problema das receitas fiscais positivas ou negativas extraordinárias, portanto aquela situação em que, em virtude da rápida alteração da situação económica há ganhos ou perdas de eficiência muito significativas. Chamo a atenção para este aspecto porque o subgrupo a que eu estive ligado, naquele Relatório para o estudo da política fiscal, que o Professor Xavier de Basto referiu, preparou alguns capítulos que me parecem particularmente interessantes, designadamente, sobre a elasticidade das receitas dos diversos impostos face à evolução do PIB, sobre as taxas implícitas dos diversos impostos, sobre os indicadores de eficiência do IVA e, ainda, sobre a comparação das taxas médias de IRC e as taxas estatutárias. São, em meu entender, de tal maneira interessantes, que até agora ninguém os referiu! De qualquer modo, independentemente do não reconhecimento do interesse daqueles trabalhos, eu utilizo-os nas aulas que dou aos meus alunos. Aquilo que ensino aos alunos foi feito há meio ano ou um ano, por jovens economistas que integraram o meu subgrupo e vem agora a ser confirmado por *papers* muito recentes dos quais vou indicar, mais à frente, apenas dois. Ambos foram elaborados com o mesmo objectivo: é importante nos momentos de crise perceber-se o que é que correu mal e quais as razões, para que não se voltem a repetir os mesmo erros. Esta parece--me uma questão muito importante a que irei dar algum relevo.

O quinto e último tema, que já é recorrente e com o qual tenho terminado algumas intervenções, é o da importância acrescida do papel da Administração Tributária para que sejam atingidas as previsões das receitas fiscais. Normalmente quando se elaboram Programas de Estabilidade e Crescimento, olha-se muito para a qualidade legislativa, para determinado tipo de medidas discricionárias, para algumas reformas estruturais, mas é quase sempre ignorada a questão da Administração Tributária e, em meu entender, sem uma Administração Tributária forte, qualquer programa corre o risco do fracasso.

Comparando agora os dois programas, o de 2005 e o de 2010, já que tive alguma experiência em relação ao PEC de 2005, quais são as principais diferenças? A diferença essencial, em meu entender, é que o primeiro assentava muito, pelo menos numa primeira fase, na consolidação orçamental baseada essencialmente no aumento das receitas fiscais. Depois, numa segunda fase, porque este PEC tinha um horizonte temporal mais alargado, ia de 2005 a 2009, a consolidação passaria a assentar mais na redução da despesa e não tanto nas receitas. Portanto, havia aqui uma modulação diferente ao longo do tempo, era aquilo que se podia designar por um PEC híbrido neste sentido. O PEC que agora está em discussão e que irá ser apresentado na Assembleia da República em breve, como já foi assinalado, tem uma característica diferente: assenta mais na redução da despesa e menos nas medidas de natureza fiscal em termos da receita. Portanto, estas são algumas das diferenças.

Outra diferença, a que aliás já aludi indirectamente, prende-se com a quantificação dos resultados do combate à fraude e evasão fiscais. Não deixa de ser estranho que no PEC de 2005/2009 constasse uma estimativa da receita derivada do combate à fraude e evasão fiscais e neste PEC não há qualquer quantificação, para além de não haver igualmente e ilogicamente qualquer referência a medidas com essa finalidade.

Quanto às "almofadas de segurança": existem algumas, sendo aquela que me parece a maior, curiosamente, a menos referida. Qual é a "almofada de segurança" que está aqui implícita e de que também não aparece qualquer quantificação? É o congelamento para efeitos do Código do IRS da retribuição mínima mensal garantida que serve para muita coisa, ou servia para muita coisa. Neste momento – quando digo neste momento é no ano de 2010 – o montante é de 475€; aquilo que estava previsto era que em 2011 chegasse aos 500€. Consequentemente, a partir do momento em que se congela aquele montante até 2013, e depois se diz que quando o IAS (indexante de apoios sociais) aumentar deixa de ser indexado aos 475€, há um congelamento em 475€, e vai passar a aplicar-se o IAS. Só que o IAS neste momento é de cerca de 419€, se não estou em erro. O IAS depois, fica congelado até 2012. O que é que isso significa? Significa que se congelo a retribuição mensal mínima garantida em 475€ até chegar ao valor do IAS e o IAS fica congelado até 2012, em termos práticos, muito provavelmente, este congelamento vai prolongar-se durante muitos mais anos, até 2016, 2017, etc. Portanto esta é uma das medidas, indirectas, que se traduzem num aumento significativo de receita.

Façamos uma conta só por alto sobre dois pontos, até porque o número de artigos do CIRS que estão indexados à retribuição mínima mensal garantida é enorme, para além da utilização daqueles indexantes para uma série de normas não fiscais.

Mas os dois pontos que me parecem que pesam mais em termos de receita são, desde logo, a dedução específica do trabalho por conta de outrem, artigo 25.º do Código do IRS, em que basta fazer estas contas relativamente fáceis, não aumentando de 475€ para 500€ são 25€, 25€ vezes 12 meses dariam 300€ vezes 72% daria 210€ considerando uma taxa de tributação média da ordem dos 10% daria 21€ por cada trabalhador por conta de outrem, portanto é multiplicar pelos trabalhadores por conta de outrem e vê-se aproximadamente – porque depois inserem-se aqui aqueles que descontam mais para a Segurança Social, que são uma minoria – e fica-se com uma ideia aproximada que só este efeito poderá representar qualquer coisa como 60 milhões de euros. Mas se entrarmos em linha de conta com as deduções personalizantes, o montante será eventualmente idêntico ou até superior, porque corresponde a 55% do rendimento mínimo. Portanto, fazendo a mesma conta e multiplicando, neste caso por todos os contribuintes e até pelos dependentes, aquilo que acontece é que temos aqui também um montante bastante significativo. Esta é, talvez, uma das maiores "almofadas de segurança" do lado das receitas e, surpreendentemente, não existe qualquer quantificação em relação a este montante.

Quanto à questão do combate à fraude e evasões fiscais, há claramente aqui uma subalternização ou omissão do tema. Não sei se foi proposital ou não, mas não consta, contrariamente ao que acontece com os Programas de alguns parceiros comunitários, qualquer referência. Há depois uma confusão de conceitos, que tem surgido com frequência, e que, já agora, gostaria de clarificar para que não se continue a assimilar aquilo que tem sido noticiado como um bom desempenho da cobrança coerciva, como o resultado do combate à fraude e evasão fiscal. São duas coisas completamente diferentes: o grande mérito de um bom sistema de cobrança coerciva é o de potenciar, precisamente, a cobrança voluntária. E isto é curioso, porque quem analisar a apreciação da Comissão relativamente ao PEC de 2007, a qual ocorreu em Fevereiro de 2008, esta chamava a atenção precisamente para que Portugal partindo de um stock de dívida muito elevado, se não o alimentar com novas liquidações, irá ter problemas de sustentabilidade com a cobrança executiva. Não se confunda a questão da cobrança executiva com o problema do combate à fraude e evasão fiscais, porque são duas coisas completamente diferentes. E grande parte das pessoas que não pagaram os impostos, não pagaram porque não podiam, porque não tinham dinheiro para pagar, o que pode não ter absolutamente nada a ver com fraude e evasão fiscais.

Agora a questão que se coloca é esta: justificar-se-ia no PEC aparecer uma quantificação do combate à evasão e fraude fiscais? Pessoalmente acho que não. Uma referência vaga no texto tudo bem, mas uma quantificação poderia ser encarada pela Comissão como uma "criatividade", como não sabem como é que hão-de acertar as contas metem aqui mais 300 ou 400 milhões". Pessoalmente eu seria contra uma quantificação, que aliás fizemos em 2005, mas já se justificaria uma pequena referência à política de combate à fraude fiscal, de forma a evitar que a omissão relativamente ao anterior PEC constitua um recuo ou abandono dessa actuação.

Irei agora voltar ao tema da volatilidade das receitas fiscais. Aparecem normalmente dois tipos de metodologias. Uma tem a ver com as receitas fiscais inesperadas e há uma diferença entre as inesperadas e as não explicadas. Uma das abordagens que foi feita muito recentemente por dois economistas, um deles da Comissão Europeia, pegou nos PEC's de todos os países da União e nas respectivas actualizações e comparou os seus valores com os desempenhos efectivos, apurando os desvios que ocorreram. Isto é, os montantes que os governos tinham apresentado relativamente ao PEC em Novembro de cada ano, embora Portugal por razões do nosso calendário de aprovação do orçamento todos os anos apresenta sempre um bocadinho mais tarde, em Dezembro, por razões que são compreensíveis e que o Código de Conduta aliás já previa tomaram como base essas previsões e foram apurar qual foi o desempenho efectivo no ano seguinte, calculando quais foram os desvios. Qual é a conclusão básica a que se chega? A conclusão é que há países em que as previsões são muito apuradas, quer dizer não ocorrem grandes desvios, e há outros em que sistematicamente aparecem grandes diferenças. E o que é que se concluiu a partir daí? Concluiu-se o seguinte: que alguns erros de previsão são devidos ou a um excesso de prudência, nalguns casos, ou a um excesso de optimismo, noutros, para mostrar uma situação melhor do que aquela que é espectável de facto. Existem muitas vezes erros de previsão por, nos cálculos, os Estados-Membros não terem tido em linha de conta o real funcionamento das elasticidades. Eu chamo a atenção para isto, porque curiosamente um dos pontos mais interessantes deste PEC é a apresentação dos desvios, a explicação porque é que em 2009 as coisas não correram bem, para tentar identificar quais eram as razões de perfil económico, razões internacionais, do mercado internacional, razões diversas e ficando depois um resíduo que não é explicável, portanto só esta parte residual cai na situação dos não explicados.

A abordagem destes economistas é uma abordagem simples e é só comparar a estimativa com o resultado e depois analisar e tirar conclusões a partir de aí. Uma análise mais sofisticada, que é aquela que alguns economistas têm vindo a desenvolver desde 2006, designadamente a nível da OCDE, consiste em isolar quais são as causas imputáveis às alterações legislativas. Por exemplo, se ocorrer a elevação da taxa do IVA de 19% para 21% uma parte da receita será devida a essa alteração legislativa. Outras, que são medidas puramente discricionárias ou medidas transitórias, ambas pontuais e com uma vigência limitada, o que é o caso este ano da chamada "amnistia", que irão ter efeitos apenas este ano. Depois fica uma parte residual por explicar que é aquela onde se inserem designadamente dois tipos de situações: a melhoria ou a deterioração do funcionamento da Administração Tributária, e a de o próprio Governo ter a possibilidade de ajustar para mais ou para menos as receitas através da antecipação ou do protelamento do pagamento de reembolsos, pelo que, sem mexer na legislação, pode em termos administrativos manipular a receita.

Quanto à questão das elasticidades: Hélder Reis, no Relatório que já referenciei já chamava à atenção para que a análise que era feita em termos de IVA era uma análise incorrecta. O IVA é um imposto sobre o consumo, então se o consumo aumenta 2% a receita, não se mexendo nas taxas, devia aumentar 2%, o consumo cai 2%, a receita cairia 2%. Esta é a análise simplista e que quase sempre é feita relativamente ao IVA. Qual é o defeito e grande problema que tem esta análise? Para já parte-se do princípio que o consumo que é o relevante é o consumo privado quando o IVA incide também sobre o consumo público, consequentemente se o Governo retardar o investimento público poupa na despesa, mas também vai ter menos receita. É evidente que a receita entraria por um lado e sairia pelo outro, mas em termos de *ratio* e em termos de análise não é a mesma coisa. Se não entrarmos em linha de conta, com a evolução do investimento, se não entrarmos em linha de conta por exemplo, que foi o caso que explica em

Espanha e na Irlanda a queda substancial e rápida do sector imobiliário, tendo em conta que, em ambos os países, o IVA incide sobre as transmissões de imóveis, a quebra de receita foi muito maior do que a que ocorreu em Portugal. Por este tipo de razões não se pode fazer a aplicação automática de uma elasticidade *standard* a determinado tipo de impostos.

Vou então terminar. Se atentarmos no caso português, houve ganhos de eficiência, até podemos dizer ganhos de receita superior àquela que seria espectável no período 2002/2004 e, principalmente no período 2005/2007, em que aqui foi bastante significativa, seguindo-se uma ligeira quebra em 2008. É evidente que a quebra em Portugal foi muito inferior que a verificada na Espanha e na Irlanda, em parte por esta razão que há pouco referi. Em 2009, quando estes dados forem actualizados Portugal irá ficar com um mau desempenho. E porquê? A receita em Espanha terá caído percentualmente mais do que em Portugal, mas as previsões do governo já não eram tão optimistas como aquelas que tinham sido apresentadas no nosso orçamento.

Tenho só algumas sugestões, nomeadamente prestar-se atenção a alguns alertas externos, designadamente dos da Comissão e que podem ser encontrados na leitura das sucessivas versões dos PEC's e respectivas actualizações.

Para concluir, a sustentabilidade da receita fiscal requer muita qualidade e empenhamento da Administração Tributária, sem a qual a consolidação da despesa não é sustentada ou sustentável. Existem alguns riscos, e esta é a mensagem que eu costumo deixar sempre e que me preocupa particularmente, apesar de já não ter nenhuma ligação, a não ser afectiva, à Administração Tributária. O ritmo das aposentações, alguns atrasos no recrutamento, que já são bastante significativos e alguns problemas que se continuam a verificar a nível da informática, podem prejudicar um pouco este caminho que me parece de continuar em termos de consolidação.

Para terminar, só um último aspecto, porque penso que ninguém o referiu é a questão que passa a ser preocupante, as alterações que são introduzidas a nível de congelar algumas deduções e abatimentos ou restringi-las a apenas algumas categorias provocam um efeito perverso que é: há a criação de uma zona em que a tributação é de 100%, porque há uma cláusula que diz que ninguém pode ficar com rendimento disponível inferior ao limite do escalão anterior. Mas isso significa na prática que a pessoa está a ter uma tributação de 100%, por cada euro que ganha a mais aquele euro vai para os cofres de Estado. Mas o problema não é só este, a situação é que não se estão a quantificar as outras consequências, designadamente a nível de quotizações para a Segurança Social. Se um trabalhador por conta de outrem tiver um aumento e ficar com um rendimento colectável ligeiramente superior ao limite do escalão do IRS, artigo 78.º, n.º 4 do respectivo Código, faz com que ele não fique a perder dinheiro relativamente a um trabalhador que obtenha um rendimento que o coloque no limite do escalão anterior, ficando ambos com o mesmo rendimento líquido de imposto. Está bem, mas como passa a receber um vencimento líquido mais elevado vai ficar a descontar mais para a Segurança Social e a correcção técnica anteriormente referida é apenas para efeitos de IRS.

Muito obrigado.

O Direito Fiscal e o PEC

Rui Duarte Morais[*]

Muito boa tarde!

As minhas primeiras palavras são para exprimir o meu sincero agradecimento ao Sr. Professor Paz Ferreira pelo convite para estar aqui, nesta Escola, a partilhar convosco estas reflexões.

A minha intervenção está bastante facilitada, porquanto o sumário que havia elaborado, para me servir de guia, quase que coincide com o subjacente às palavras que ouvimos ao Sr. Professor Xavier de Basto, meu ilustre Mestre em Coimbra. A minha intervenção ficou, também, facilitada pelo facto de os aspectos estritamente económicos terem já sido explicitados – de forma muito mais cabal que a que eu lograria – pelo Sr. Dr. João Amaral Tomáz.

1. Os condicionalismos

Os "ingredientes" de natureza fiscal têm um peso relativamente reduzido no PEC. Como ouvimos em intervenções anteriores, este Plano aparece estruturado, fundamentalmente, do lado da despesa. O que é um mérito!

---

[*] Professor da Faculdade de Direito da Universidade Católica do Porto.

Apesar do reduzido peso das medidas fiscais preconizadas, penso que lhes subjazem fortes condicionalismos, que gostaria de salientar.

O primeiro é resultado da afirmação, repetidamente feita pelos responsáveis políticos, de que não iria haver aumento dos impostos. Pelo que se procuraram, apenas, soluções visando o alargamento da base tributária e a redução das deduções à colecta, excluindo-se, liminarmente, a opção da elevação das taxas nominais.

Partilhando a opinião do Professor Xavier de Basto, fica o "espanto" por não se ter encarado aquilo que é a solução habitual em circunstâncias deste tipo: a elevação das taxas do IVA, nomeadamente da sua "taxa normal". O que seria o mais "esperável", até porque esta taxa foi reduzida recentemente, numa opção política provavelmente algo precipitada.

Só que o IVA – o imposto cujas alterações produziriam, de imediato, um maior afluxo de receita (neste imposto não existe grande dilação temporal entre o momento em que acontece a alteração da lei e aquele em que se concretizam os seus reflexos nas cobranças) – tem uma base de incidência que está fortemente uniformizada a nível comunitário, que não se presta a "manipulações". O aumento de receita através do recurso ao IVA teria, pois, que ser logrado pela elevação das taxas, opção que, como vimos, foi liminarmente excluída. De todo o modo, fica-nos o sentimento de que, mais cedo ou mais tarde, o recurso a "mexidas" nas taxas do IVA será inevitável.

Portanto, ficámos reduzidos a obter aumento da receita fiscal através, essencialmente, dos impostos sobre o rendimento. Mas sem que uma tal opção apareça legitimada por razões técnicas.

As escolhas feitas foram, pois, ditadas por critérios essencialmente políticos. Mas, aceitando que foi assim, não nos parece que tais escolhas tenham subjacente uma matriz ideológica coerente. Dito de forma simples, fica o "sentimento" – naturalmente, não mais que isso – que as alterações fiscais propostas foram pensadas para agradar, umas, à Esquerda e, outras, à Direita. Ou seja, ter-se-á procurado criar condições para lograr um amplo consenso, para obter um apoio parlamentar alargado. Esta é uma opção perfeitamente compreensível para um governo minoritário, sendo que tal apoio parlamentar alargado se impunha para o Plano resultar mais credível nos mercados internacionais, ou, se quiserem, junto das agências de *rating*. Fica, porém, a interrogação sobre se estas condicionantes políticas não resultaram em limitações que põem em causa a eficácia e coerência de algumas das medidas preconizadas; fica, também, a interrogação de saber se não estaremos perante algumas medidas que mais não são que "mera cosmética política". Adiante referirei alguns pontos em concreto.

Também estou de acordo que, até pelo seu significado reduzido, as medidas fiscais constantes do PEC não constituem uma reforma fiscal. Mas é difícil de compreender que, tendo o Governo anterior – um Governo com o mesmo suporte político do actual – incumbido uma comissão independente, exclusivamente técnica, de se pronunciar sobre as linhas estruturantes da desejável evolução do nosso sistema fiscal[1], as medidas ora preconizadas representem, em alguns casos, um desvio profundo relativamente ao preconizado por tal comissão. Aceitar-se-ia que o Governo se tivesse afastado de tais propostas por não lhes reconhecer mérito. Mas a existência de tal estudo recente –

---

[1] Ministério das Finanças, *Relatório do Grupo para o Estudo da Política Fiscal – Competitividade, Eficiência e Justiça do Sistema Fiscal,* Outubro de 2009 (adiante designado por Relatório).

atentos os objectivos que determinaram a sua elaboração e a valia técnica do trabalho produzido – deveriam ter implicado um momento de atenção, uma explicitação, ainda que mínima, do porquê do desvio relativamente às orientações aí sugeridas. Até porque as medidas preconizadas em tal Relatório não poderão ser qualificadas de "despesistas".

2. Feito este pequeno enquadramento geral, gostaria de vos falar de alguns pontos, em concreto:

a) Mais-valias mobiliárias

Nenhuma dúvida parece existir – como já foi afirmado nesta sessão por outros oradores e consta do Relatório – quanto ao facto de ser uma das mais flagrantes injustiças do nosso sistema de tributação do rendimento o não haver qualquer imposto sobre as mais-valias mobiliárias resultantes da alienação de acções quando os títulos em causa hajam sido detidos durante, pelo menos, um ano e, nos demais casos, que a tributação seja feita a uma taxa de 10%.

O PEC (melhor, as exigências de diminuição do défice que o determinam) surge pois, uma boa oportunidade para eliminar ou minorar tal injustiça, para se introduzirem medidas que, sendo justas, serão bem vistas pela generalidade da opinião pública.

Todavia, surgirão problemas complexos logo no momento da concretização legislativa do ora proposto. Discutir-se-á, p. ex., se deve ou não ser previsto um regime transitório prevendo que a nova tributação só acontecerá relativamente aos títulos adquiridos após a entrada em vigor da nova lei, de modo a salvaguardar as "legítimas expectativas" dos actuais detentores de títulos em os venderem sem imposto. Solução esta que é "tradicional" entre nós, que, p. ex., foi acolhida aquando da entrada em vigor do IRS, para os casos em que este imposto alargou o leque das mais-valias tributáveis. Solução que, porém, – a nosso ver – pode ser legitimamente afastada, pois não está em causa uma questão jurídica (a retroactividade da lei fiscal) mas sim uma opção de índole política e económica. Outra questão difícil que, necessariamente, terá que encontrar resposta na lei que venha a concretizar o ora proposto será a do regime aplicável aos não-residentes. Virão, também eles, a ser tributados, segundo as novas regras, pelas mais-valias mobiliárias obtidas em Portugal?

Mas o conflito decorrente da tributação generalizada das mais-valias mobiliárias irá agudizar-se quando se começarem a sentir os sintomas da retoma do mercado bolsista, quando as acções que, por ora, permanecem "em carteira" se tiverem valorizado o suficiente para ser interessante a sua venda. Nesse momento (à medida em que esse momento se aproxime) iremos verificar que o assunto estará longe de encerrado. Haverá, então, pressões brutais no sentido do adiamento (que, para muitos, deverá ser *sine die)* da entrada em vigor de um novo regime da tributação das mais-valias mobiliárias (qualquer que ele seja) ou da sua "suspensão"/alteração, se entretanto, já tiver entrado em vigor. Muitos virão defender que uma tributação à taxa de 20%, sem quaisquer paliativos, é inaceitável, pois que ferirá de morte o mercado de capitais quando este se encontrar em fase de reanimação após coma profundo.

Por ora, pouco mais podemos fazer que nos interrogarmos sobre o que o legislador irá decidir. Irá, p. ex., determinar a tributação de todas as mais-valias mobiliárias a uma taxa uniforme de 20%, sem distinção entre as mais-valias resultantes da alienação de títulos detidos há mais ou há menos tempo (dito de outra forma, deve-se ou não continuar a distinguir entre as mais-

-valias resultantes da alienação de acções ou outros títulos que correspondam a participações "estruturantes" e as resultantes de operações meramente especulativas (a tributação do "jogo em bolsa")? A nossa tradição legislativa vai no sentido de distinguir estas duas realidades. Penso que há razões para que tal distinção se mantenha, de forma não penalizar o financiamento das empresas através de capital de risco, comparativamente ao recurso ao crédito, até porque é constatação evidente que as nossas empresas estão, no geral, subcapitalizadas. E o sistema fiscal é um dos principais responsáveis por esta situação. Como todos sabem, muitas das nossas empresas (sociedades), nomeadamente as de menor dimensão e as de características mais familiares, " nascem" numa situação financeira que é de insolvência ou quase insolvência, dotadas de um capital mínimo, um capital que, muitas vezes, é manifestamente insuficiente para assegurar o cumprimento das obrigações já assumidas. A prática corrente é a de os sócios assegurarem as necessidades de financiamento por via de suprimentos ou pelo recurso à banca (garantindo os sócios, pessoalmente, as obrigações daí decorrentes), em lugar de dotarem a sociedade do capital de que ela, efectivamente, necessitaria. Isto, entre outras razões, porque os custos de tais financiamentos (os juros) são fiscalmente dedutíveis.

Gostaria, ainda, de deixar claro que no Relatório não foi proposta a imediata tributação de todas as mais-valias mobiliárias a uma taxa de 20%. A referência a tal taxa aparece no quadro de uma proposta de âmbito mais vasto, a da assunção de que o IRS é, de facto, um imposto dual, que tributa diferentemente os rendimentos sujeitos a englobamento e os sujeitos a taxas liberatórias ou especiais. Neste quadro, sugeriu-se que aos rendimentos não abrangidos pelo englobamento (não sujeitos a taxas progressivas) fosse aplicada uma única taxa (eventualmente, 20%), acabando-se com a incompreensível diversidade de taxas (proporcionais) existente. Mas, ao abordar especificamente a problemática da tributação das mais-valias mobiliárias, o Relatório sugere a opção por um processo de evolução gradual. Essencialmente, sugere a tributação generalizada destas mais-valias, mas uma tributação que não deveria ser superior à praticada pelos países que, neste domínio da atracção de capitais, são nossos directos concorrentes, desde logo a Espanha. Isto de forma a manter a competitividade internacional do nosso mercado de capitais, pois que esses outros países possuem vantagens competitivas de que nós não dispomos. Esse processo evolutivo poderia, um dia, conduzir a que as mais-valias mobiliárias passassem a ser tributadas da mesma forma (à mesma taxa) que a generalidade dos rendimentos de capital (os "famosos" 20%).

Ou seja, aparentemente, no PEC "saltou-se" para o que era preconizado como resultado último de um (lento) processo evolutivo. Assim sendo, não será demasiado ousado prever que, sendo concretizada a ideia da tributação generalizada das mais-valias a uma taxa de 20%, iremos assistir, amanhã, a significativos recuos.

b) Limitação das deduções à colecta

Começaria por lembrar a distinção entre duas realidades que, a este propósito, aparecem sistematicamente confundidas: temos, por um lado, deduções à colecta que são elementos personalizantes do IRS, que visam fazer corresponder o montante do imposto à capacidade contributiva dos sujeitos passivos. O essencial deste tipo de deduções não pode ser posto em causa, sob pena de o IRS deixar de ser *pessoal*, característica que parece ser exigência constitucional. Diferentes são as deduções à colecta que revestem a natureza de um benefício fiscal, cuja consagração depende de meros critérios de oportunidade política, do relevo que se entenda atribuir a objectivos extra-fiscais a ser prosseguidos pela via de estímulos fiscais.

Ou seja, p. ex., não podemos olhar da mesma forma a eliminação das deduções à colecta resultantes de investimentos em PPR's e as deduções que são resultado de despesas feitas em saúde, habitação ou educação e, especialmente, a dedução fixa por cada membro do agregado familiar. Se este tipo de deduções for eliminado ou lhe forem introduzidas limitações tais que, em termos práticos, lhe retirem significado, deixaremos, pura e simplesmente, de ter um imposto pessoal sobre o rendimento.

Mais, – como Sr. Dr. Amaral Tomáz nos explicou – a nova fórmula de indexação de determinadas deduções cria o risco sério de, amanhã, termos situações de contribuites que, depois de pago o imposto, ficarão com um rendimento inferior ao salário mínimo nacional, valor este que, normalmente, é identificado como sendo o mínimo de subsistência. Desde logo como cidadão, vejo com grande repugnância um significativo agravar dos encargos tributários daqueles que têm uma capacidade contributiva mínima, que estão no limiar da verdadeira pobreza.

O Professor Xavier de Basto disse-nos estar de acordo com o estabelecimento de limites máximos às deduções relativas a despesas com saúde, habitação e educação. Em termos teóricos, também eu estou de acordo, pois também eu defendo o princípio de que um bom imposto è aquele que tem uma base tributável muito ampla, não corroída por significativas excepções ou deduções. Tal corresponde, também, a exigências de simplificação do sistema. Só que o alargamento da "bases de tributação" (ou a eliminação/redução das deduções à colecta, pois que o efeito económico é sensivelmente o mesmo) deve ter "contra-peso" em taxas mais moderadas, o que, de momento, está fora de causa.

Se me permitem, serei algo cínico: este é um mau momento para "cortar" nas deduções relativas a despesas com saúde e educação, pois que elas funcionam, também, como um incentivo fiscal àqueles que optem (naturalmente, por terem meios económicos que o permitem) por satisfazer tais necessidades – essenciais – através de serviços não públicos, aceitando suportar, pelo menos, uma parte significativa dos custos desses serviços. Cada cidadão que resolve não recorrer ao Serviço Nacional de Saúde e decide ser tratado num hospital privado está a "oferecer" ao erário público uma poupança significativa, bem maior que a redução de imposto que, actualmente, logra. Num momento em que a exigência maior é a da redução da despesa, parece- -me algo despropositado abolir os instrumentos fiscais capazes de estimular os potenciais clientes dos serviços públicos (que, aí, pouco ou nada são obrigados a pagar) a procurarem outras "lojas".

Para alguns, a redução dos "incentivos" fiscais (mesmo que ténues) ao recurso aos sectores não públicos para satisfação das necessidades de saúde e de educação é uma opção ideológica. A esses pergunto se este será o momento para dar maior concretização a opções ideológicas que se traduzem em despesa pública significativa. Outra "ideia" possível será a de que a diferença de qualidade entre os serviços públicos e os não públicos é de tal ordem que, com ou sem "incentivos" fiscais, sempre recorrerão a estes últimos todos os que tenham possibilidades económicas para tal. Não creio que, felizmente, seja esta a situação actual: tenho por excelente a qualidade dos serviços prestados pelo SNS e por muitas instituições do ensino público, especialmente as universidades. Mas, pergunto-me: medidas como estas, que, inevitavelmente, aumentam a procura dos serviços públicos, não envolvem o risco de ser factor da sua degradação, o que conduzirá a uma sociedade menos igualitária, uma sociedade em que a saúde e a educação de qualidade só estarão acessíveis a uma elite económica?

Na mesma linha de pensamento – a de que o aumento da receita dos impostos não deve ser logrado com sacrifício da prossecução de interesses superiores – dou outro exemplo: é voz corrente que nós temos um problema demográfico. Pessoalmente, é algo que não me preocupa. Diria mesmo, prosseguindo na utilização de uma linha de raciocínio algo cínica, que é mais barato importar trabalhadores já formados, principalmente quando têm condições para se integrarem rapidamente na nossa sociedade, como é o caso paradigmático dos imigrantes brasileiros. Limito-me, pois, a fazer a pergunta: se, para um vasto sector da opinião pública, a diminuição da natalidade dos portugueses é um problema grave, fará sentido reduzir os "apoios" fiscais que, directamente, tocam esta problemática? É o caso das deduções (fixas) à colecta por cada filho, das deduções decorrentes de despesas em saúde e em educação.

c) Taxa marginal de 45%

Trata-se, a meu ver, de uma medida que se reduz a uma mera propaganda política, porque apenas atingirá um número muito restrito de sujeitos passivos e renderá um valor relativamente escasso.

Lembro que, havendo casamento, será ainda mais difícil atingir este escalão, uma vez que não será normal que o outro cônjuge aufira rendimentos de tal grandeza.

Mais, remunerações deste valor (e é de rendimentos do trabalho que, no essencial, estamos a falar, pois os rendimentos de capital estão sujeitos, por regra, a taxas liberatórias muito mais baixas) podem, normalmente, ser objecto de "conversão" em rendimentos de outra natureza através de estratégias de planeamento fiscal legítimo relativamente simples. Ou seja, existirá, mesmo, o risco de esta medida redundar em perda de receita...

Para que é que servirá, então, esta nova taxa? Para transmitir a ideia de uma maior progressividade na tributação do rendimento que, na realidade, (quase) não existirá e para fazer com que Portugal apareça, nas análises comparativas a nível internacional (a maioria das quais apenas considera as taxas nominais), como sendo um "inferno fiscal" para os que optem por aqui residir...

d) A conflitualidade em matéria fiscal

Apenas uma breve nota, pois já esgotei o tempo disponível para a minha intervenção.

Quando a Administração Fiscal liquida (na maioria dos casos, adicionalmente) imposto, opera-se, nessa medida, uma redução do défice, em termos estatísticos, contabilísticos. Do que decorre a existência de um elevado grau de pressão para que sejam feitas liquidações, mesmo nos casos manifestamente duvidosos. Pressão essa que tem expressões práticas relevantes, desde logo ao nível da avaliação do desempenho dos funcionários da AF.

Só que muitas dessas liquidações acabam por não gerar receita efectiva, pois uma percentagem gigantesca (não conheço números exactos, mas parece pacífico serem muito mais de 50%) acaba por ser anulada pelos Tribunais. Ou seja, tais liquidações ou não geram quaisquer cobranças ou, se houve pagamento, o valor em causa tem que ser restituído com juros.

Uma tal situação implica custos brutais, que não podem ser ignorados: os contribuintes são obrigados a suportar, directamente, encargos elevadíssimos (dos quais nunca serão ressarcidos),

p. ex., com a constituição de garantias, com advogados e outros consultores, com a deslocação de testemunhas a Tribunal, etc. As Administrações Fiscais (i. é, os contribuintes, agora de forma indirecta) têm que suportar idênticos custos e afectar uma parte substancial dos seus recursos humanos à sustentação dos litígios. Os Tribunais estão inundados de processos, tornando-se necessário dotá-los de mais meios humanos e materiais (que são também pagos com os nossos impostos). Mais, o Estado vê--se impossibilitado de cumprir com uma das suas tarefas essenciais: a realização da justiça. E já não falo de justiça em tempo razoável, tal como decorre da exigência constitucional e de convenções internacionais a que Portugal se encontra vinculado. Falo – francamente – da impossibilidade de, mesmo que apenas num futuro longínquo, serem julgados todos os processos pendentes. Dizem-me existir um stock de processos acumulados nos nossos Tribunais tributários em número superior a 40.000, número este que aumenta continuamente, pois os novos processos são em número superior aos que, num mesmo período, findam.

Não será preciso realçar as consequências desta situação para o nosso desenvolvimento económico: ninguém, sensatamente, investe num país onde a justiça, no domínio fiscal (e noutros domínios), não existe, não é, na prática, realidade. Em todos os estudos, a situação da nossa justiça é apontada como sendo uma das maiores desvantagens de Portugal em termos competitivos.

Pergunto: uma lógica elementar, a simples análise da relação custo/benefício, não implicaria que fossem dadas instruções claras aos Serviços para só procederem a liquidações nos casos havidos por "seguros"? As reclamações não deveriam ser apreciadas tendo presente, essencialmente, a jurisprudência dos Tribunais, ou seja, a probablidade de êxito do contribuinte na impugnação? A avaliação do desempenho dos funcionários não deveria passar pela consideração das decisões por eles tomadas que foram revogadas/anuladas?

Tal não seria mais que cumprir a lei, a qual claramente determina que a dúvida sobre a existência do facto tributário aproveita (sempre) aos contribuintes.

Uma drástica redução dos litígios em matéria fiscal (que julgamos relativamente simples de conseguir, num prazo relativamente curto, através da mudança das orientações que, de forma mais ou menos explícita, são dadas aos Serviços), para além de ser um contributo inestimável para a realização de um verdadeiro Estado de Direito e para o desenvolvimento económico, traduzir-se-ia numa redução do défice – lograda pela forma mais saudável, a da redução da despesa pública inútil – em valores que, provavelmente, seriam tão ou mais significativos que a redução que se espera que venha a ser alcançada pela aplicação das medidas atrás analisadas.

3. Uma última palavra para reforçar o que foi dito pela Moderadora desta sessão, nas suas palavras iniciais: as medidas preconizadas no PEC, relativamente ao sistema fiscal, implicam numerosas intervenções legislativas em aspectos pontuais do sistema. Só que, algo contraditoriamente, alterações legislativas pontuais são, muitas vezes, as mais complexas, pois implicam o risco de introduzir desequilíbrios não previstos na harmonia do sistema em que se vão inserir. Temo que venha a ser o caso, que as normas legais que a concretização do PEC supõe se tornem causa de maiores dúvidas e, portanto, de mais litígios. A nossa Moderadora referiu a questão da aplicação no tempo (a questão da retroactividade) dessas "leis novas". Advinha-se, pois, só "para começar", um litígio de natureza constitucional. Tema que, certamente, teremos, um dia, oportunidade de debater em conjunto.

Muito obrigado.

O Direito Fiscal e o PEC

*Luís Belo**

Quero começar por agradecer ao IDEFF e ao Professor Paz Ferreira o convite que dirigiu à *Deloitte* para estar presente neste Fórum para comentar as medidas fiscais do PEC. Quero também cumprimentar e felicitar os demais membros do painel pelas intervenções realizadas.

Como é de conhecimento generalizado, o PEC pretende dar uma resposta cabal à actual situação das finanças públicas para o triénio 2010-2013, no âmbito dos compromissos que o Estado Português assumiu no seio da União Europeia.

Os pressupostos e eixos prioritários em que o PEC assenta envolvem i) a redução do défice e a correcção do crescimento da dívida até 2013; ii) a redução e contenção da despesa; iii) a sustentabilidade das finanças públicas enquanto factor que possa induzir um crescimento sustentado da economia; iv) o reforço do quadro orçamental com o intuito de passar a prevalecer a sua definição numa base plurianual; e v) uma política de reformas estruturais com o intuito de se promover a modernização e competitividade da economia portuguesa e o combate ao endividamento externo.

---

* Partner Deloitte.

Existe, igualmente, outro eixo relevante em que se baseia o PEC que consiste na manutenção de um quadro de estabilidade fiscal que não comprometa a competitividade e o emprego. A este respeito, e atentos os dados constantes do PEC, entendo que a primeira ilação que se pode retirar é a de que vamos assistir a uma manutenção da estabilidade fiscal, o que denota, em si mesmo, que a política fiscal não vai ser certamente um instrumento que irá influenciar o crescimento da economia, a obtenção de ganhos de produtividade e/ou promover o incremento do emprego.

Os aspectos críticos de natureza fiscal em que assenta o PEC terão impacto num horizonte temporal que medeia entre o presente e o ano de 2013, existindo um objectivo muito concreto de redução do défice dos contas públicas dos actuais 9,3% do PIB para 2,8% em 2013, assentando tal desiderato em dois factores primordiais: i) por um lado, na diminuição da despesa fiscal e, ii) por outro lado, na melhoria da receita fiscal e contributiva.

Sem pretender comentar exaustivamente as diversas medidas de índole fiscal constantes do PEC, em virtude de já terem sido apresentadas em detalhe pelos demais membros deste Painel, realizarei apenas uma análise sucinta das mesmas.

Desde logo, e ao nível da redução de deduções e benefícios fiscais, assume particular relevância a reformulação da tributação, em sede de IRS, das mais-valias mobiliárias que até agora poderiam não ser oneradas fiscalmente na generalidade dos casos, designadamente para as acções detidas por mais de 12 meses, obrigações e outros títulos de dívida. A eliminação desta exclusão de tributação parece merecer um amplo consenso e contribuirá para promover uma maior equidade e justiça fiscais. A adopção de uma abordagem mais gradualista, não se passando, desde já, para uma tributação a uma taxa *flat* de 20% parecer-

-me-ia ser, todavia, mais equilibrada. Prevê-se, entretanto, que irá ser aprovada uma exclusão de tributação aplicável às mais-valias apuradas até ao valor anual de 500€ uma medida que aponta no sentido de os pequenos investidores não serem onerados, no plano fiscal, até à concorrência do referido valor.

No tocante à redução global das deduções à colecta e benefícios fiscais, já amplamente discutida neste Painel, é previsível que tal suceda, uma vez mais por uma questão de equidade e justiça social, sendo aceitável que se assista a uma diferenciação em função dos escalões de rendimentos, ou seja, os contribuintes com maiores rendimentos vão dispor de uma margem mais reduzida para o aproveitamento de deduções à colecta de IRS e a utilização de benefícios fiscais aplicáveis em sede deste imposto. Tal diferenciação vai assentar em limites que irão corresponder a uma percentagem do rendimento colectável, sendo aplicáveis, quer no que respeita às deduções à colecta, quer no que concerne ao aproveitamento de benefícios fiscais. Está, porém, estabelecido que os primeiros dois escalões de rendimentos não vão estar abrangidos por estas limitações, situação que será extensiva às deduções ditas "personalizantes" relativas ao sujeito passivo, dependentes e ascendentes, bem como as referentes àqueles contribuintes que padeçam de alguma deficiência. A lógica que preside a estas limitações tem como intuito restringir o aproveitamento das referidas deduções à colecta e benefícios fiscais por parte daqueles contribuintes que auferem rendimentos mais expressivos. Estima-se, entretanto, que as restrições/limitações que irão ser introduzidas a este respeito serão bastante mais penalizadoras ao nível dos benefícios fiscais, em detrimento do que irá suceder ao nível das deduções à colecta, situação que se afigura compreensível, atento o facto de serem os contribuintes com maiores rendimentos que acedem, por regra, aos benefícios fiscais.

Também é previsível que venha a ocorrer um congelamento das deduções de IRS que actualmente estão indexadas à remuneração mínima mensal garantida (RMMG), passando o valor do Indexante dos Apoios Sociais (IAS) a constituir o referencial para este efeito. Este facto vai determinar o congelamento das referidas deduções, com um impacto apreciável ao nível das deduções personalizantes, despesas de educação e encargos com lares, porquanto apenas está prevista uma actualização do valor de tais deduções quando o IAS vier a atingir a RMMG vigente em 2010. Em face da discrepância entre um e outro valor (419,22€ vs. 475€), irá certamente decorrer um hiato temporal prolongado até que se retomem as actualizações das deduções em apreço, decorrendo deste facto um explícito agravamento da carga fiscal.

Ao nível das pensões acima de 22.500€ anuais, o PEC irá manter o rumo já adoptado em anos anteriores no sentido de ser promovida uma convergência do tratamento fiscal destes rendimentos com aquele que é dispensado aos rendimentos do trabalho dependente. Deste modo, a redução da actual dedução específica de 6.000€ irá continuar a efectuar-se até que a mesma atinja 72% de 12 vezes do valor da remuneração mínima mensal.

Ainda ao nível do IRS, estima-se que os benefícios fiscais com acidentes de seguros pessoais e de vida sejam eliminados.

Pelo seu carácter específico, assume ainda particular relevância a aprovação de uma nova taxa de IRS de 45% para os rendimentos colectáveis anuais superiores a 150.000€, igualmente com o propósito de se introduzir uma maior equidade, sem prejuízo de a mesma ter um alcance residual ao nível da receita fiscal e do reforço da consolidação das finanças públicas.

Outra norma programática que está contida no PEC respeita ao facto de estar prevista a introdução de novas tributações autónomas aplicáveis a salários ou quaisquer retribuições, acima de uma importância a definir, dos administradores, sócios ou gerentes de empresas que apresentem sistematicamente prejuízos. De igual modo, haverá também lugar a um aumento da tributação autónoma actualmente aplicável a alguns *fringe benefits*, nomeadamente ajudas de custo e encargos com viaturas, havendo a intenção de estender a tributação autónoma a outras remunerações. A este respeito, parece-me ser preocupante a crescente generalização das tributações autónomas a que temos vindo a assistir nos últimos anos, porquanto tal facto subverte um princípio fundamental em direito fiscal que se baseia na tributação do rendimento. Não afirmarei que tal situação é inconstitucional, mas esta deve constituir uma área de reflexão pelo facto de nos continuarmos a afastar de uma forma vertiginosa da tributação do rendimento real.

Sem possuir no imediato um impacto muito relevante na consolidação das finanças públicas, indiciando, todavia, uma nova orientação da política fiscal, interessa igualmente fazer referência ao facto de o incentivo destinado ao abate de veículos ir ser no futuro cada vez mais direccionado para a compra de automóveis eléctricos e de elevado desempenho ambiental. O Orçamento de Estado para 2010 aprovou, aliás, medidas nesse sentido ao incentivar a compra de veículos com emissões de CO_2 até 130g/km e, no futuro, este incentivo vai ser fortalecido, no âmbito da promoção de uma "fiscalidade verde", passando a estar direccionado para a compra de automóveis eléctricos e/ /ou com emissões de CO_2 até 100g/km.

Entretanto, e no quadro das medidas tendentes a reforçar a receita parafiscal, iremos assistir a um alargamento da base contributiva da Segurança Social, a que não é alheia a aprovação do Código Contributivo há poucos meses atrás, cuja entrada em vigor foi adiada para o início do próximo ano – em face da grande pressão existente para se promover um aumento das receitas fiscais e parafiscais, acredito existir uma grande tentação para se anteciparem para 2010 algumas das medidas que estão contidas naquele Código. Paralelamente com este alargamento da base contributiva está previsto no PEC um acentuar do combate à fraude e evasão contributivas, bem como um alargamento do cruzamento de dados com a administração fiscal e a aprovação de um conjunto de processos automáticos de cobrança coerciva de dívidas com uma antiguidade superior a 90 dias.

Atendendo ao seu impacto no PIB, importa relevar que o aumento da receita fiscal decorrente da sujeição das mais-valias a tributação em sede de IRS, a uma taxa de 20%, irá previsivelmente equivaler, em termos anuais, a 0,14% do PIB ao longo dos próximos 3 anos (2011-2013). Tal cifra corresponderá a 0,26% do PIB no caso específico das limitações que serão introduzidas nas deduções à colecta e nos benefícios fiscais. Por seu turno, e no que respeita ao alargamento da base contributiva da Segurança Social e à tributação extraordinária em sede de IRS, à taxa de 45%, o impacto previsto será de 0,18% do PIB em 2011, 0,28% em 2012 e, finalmente, 0,37% em 2013. Em termos agregados, o conjunto das medidas fiscais tendentes à promoção da consolidação das finanças públicas irá equivaler a 0,84% do PIB em 2013.

Em suma, e por tudo o que mencionei anteriormente, parece-me ser consensual que vamos assistir a um agravamento da tributação em sede de IRS, estimado, em termos médios, entre 100€ e 700€, atentos os diversos escalões deste imposto (e partindo do pressuposto que os dois primeiros escalões de rendimentos, até 7.250€, não vão ser afectados em resultado da adopção das medidas anteriormente enunciadas). Trata-se de um agravamento transversal à generalidade dos contribuintes e creio que tal situação poderá promover uma mais efectiva redistribuição da riqueza, não estando, porém, seguro que as limitações

O *Direito Fiscal e o PEC*   195

nas deduções à colecta do IRS e nos benefícios aplicáveis, em sede deste imposto, pese embora atendam à natureza progressiva deste imposto, irão conseguir efectivamente introduzir uma discriminação positiva que possa garantir que os contribuintes com maiores rendimentos suportarão, de uma forma mais evidente, um aumento da carga fiscal.

Relativamente ao IRC, não consta do elenco das medidas do PEC qualquer menção concreta a este imposto, tendo, todavia, constado de um texto preliminar do mesmo o propósito de o IRC a pagar, em especial por parte grandes empresas, ser aumentado. A versão final do PEC acabou por omitir qualquer referência ao IRC, não devendo, no entanto, ignorar-se que o Orçamento do Estado aprovado há poucos dias, ainda não publicado, inclui um conjunto de medidas que são, por si só, susceptíveis de implicar um agravamento da tributação que recai sobre os sujeitos passivos de IRC. Com efeito, bastará para o efeito ter presente que o prazo de reporte dos prejuízos fiscais foi reduzido de 6 para 4 exercícios. De igual modo, e em sede de Orçamento, foi igualmente acentuada a limitação à utilização de benefícios fiscais ao nível do IRC, sendo que doravante o IRC liquidado não poderá ser inferior a 75% – anteriormente, 60% – daquele que seria apurado caso os agentes económicos não usufruíssem de benefícios fiscais – e, por fim, foi introduzida uma tributação autónoma de 35% – 50% para o sector financeiro – sobre os gastos ou encargos relativos a bónus e outras remunerações variáveis de gestores, administradores e gerentes.

Antes de terminar a minha intervenção, e aproveitando a participação neste painel, gostaria de fazer uma breve alusão a um conjunto diverso de outros aspectos de natureza fiscal.

Desde logo, quero frisar que o PEC peca por uma ausência de normas fiscais programáticas específicas dirigidas ao estímulo da actividade económica e à promoção da competitividade. Com efeito, não constam do PEC quaisquer políticas e/ou orientações no sentido de favorecer os agentes económicos que produzem bens transaccionáveis, não devendo ignorar-se que a retoma da nossa economia vai estar muito dependente do aumento da procura externa, sendo que o sector exportador e a internacionalização da economia vão ser particularmente decisivos no crescimento da mesma. Também não existem medida orientadas especificamente para as PME's que enfrentam actualmente uma situação conjuntural difícil e exigente, em face dos actuais quadros microeconómico e macroeconómico, e seria louvável e justificável no actual contexto a aprovação de medidas de alívio da carga fiscal que incide sobre aquelas entidades.

Pelo facto de constituir um sinal de esperança, quero saudar uma medida aprovada, em sede do Orçamento do Estado para 2010, que se prende com a arbitragem fiscal e que pode efectivamente vir a contribuir para combater a morosidade da nossa justiça fiscal. Trata-se de um novo instrumento que pode promover a aceleração da justiça fiscal, uma área repetidamente assinalada e focada como um dos aspectos que mais penaliza a competitividade fiscal do nosso sistema fiscal português.

Em resultado do elenco das medidas que foram apresentadas neste painel de debate, é notório que a adopção do PEC vai envolver um agravamento dos impostos directos, designadamente do IRS, não tendo tal opção recaído sobre os impostos indirectos. Atenta a dicotomia que sempre existe entre o agravamento da tributação directa vs. tributação indirecta, importa ter presente que a tributação do consumo, através dos impostos indirectos (v.g. IVA), não incide sobre manifestações imediatas de capacidade contributiva, designadamente sobre os rendimentos, mas sim sobre a sua própria utilização. Embora se deva respeitar a opção tomada, entendo que esta opção, em sede de política fiscal, poderia ser distinta.

Quero igualmente aproveitar esta ocasião para deixar aqui hoje uma interrogação que respeita ao momento em que poderemos vir a assistir a uma reversão das medidas que serão adoptadas. Sendo indiscutível que vamos assistir a um agravamento da carga fiscal que terá, certamente, um impacto desfavorável ao nível do consumo privado e no crescimento da economia – aliás, prevê-se que o consumo privado irá crescer somente cerca de 1%, em termos anuais, até 2013 – é desejável que esta crescente pressão fiscal seja atenuada logo que o conjunto das outras medidas não fiscais constantes do PEC comecem a surtir efeito, designadamente aquelas que se destinam a promover uma redução da despesa pública.

Em face da sua pertinência, interessa igualmente enfatizar que as medidas constantes do PEC vão tornar ainda mais complexa a gestão do IRS, porquanto se vai assistir a uma densificação das regras que actualmente existem. Trata-se de um domínio a carecer de uma ponderação futura. Não sendo oportuno defender agora neste painel se deveremos evoluir para um sistema dual, semi-dual, proporcional baseado numa *flat tax rate* ou qualquer outro, quero deixar um sublinhado a este nível e fazer a apologia de uma simplificação deste imposto.

Finalmente, e para terminar, quero salientar que este PEC possui indiscutivelmente um conjunto de medidas destinadas a controlar a despesa e a promover um aumento da receita fiscal. Todavia, trata-se, no meu entender, de um programa de estabilidade, não podendo ser encarado ou qualificado como um programa de crescimento, designadamente ao nível fiscal, porquanto não contém medidas de relançamento da economia, de estímulo de actividade económica e de combate ao desemprego.

Muito obrigado.

SESSÃO DE ENCERRAMENTO

Ana Paula Dourado[*]

É com muito gosto e muita honra que encerro esta conferência em nome do Presidente do IDEFF, Professor Doutor Eduardo Paz Ferreira. Mais uma vez quero agradecer e congratular todos os nossos oradores pelas excelentes intervenções. Permitam-me também agradecer à Dra. Isabel Miranda pela excelente moderação que fez e agradecer a todos os participantes, especialmente aos que estiveram aqui desde a parte da manhã.

Esperamos que continuem a vir aos nossos encontros, e endereçamos--vos desde já um convite para o próximo. Muito obrigada e um resto de boa tarde.

---

[*] Professora da Faculdade de Direito da Unversidade de Lisboa. Vice-Presidente do IDEFF.

ÍNDICE

Sessão de Abertura

    Eduardo Paz Ferreira 9

O PEC – Questões Gerais

    Manuel Porto 17
    Vitor Bento 47
    Manuela Silva 59
    Octávio Teixeira 67

O PEC – Questões Gerais (Cont.)

    Jorge Braga de Macedo 77
    Diogo Leite Campos 93
    Luís Morais 99
    João Rodrigues 111

A Despesa Pública no PEC

    Fernando Ribeiro Mendes 121
    Ricardo Paes Mamede 129
    Miguel Moura e Silva 139
    Pinto de Almeida 147

O Direito Fiscal e o PEC

Amaral Tomaz 165

Rui Morais 175

Luis Belo 189

Sessão de Encerramento

Ana Paula Dourado... 199